ホテルに騙されるな！

プロが教える絶対失敗しない選び方

瀧澤信秋

光文社新書

はじめに

「ホテル評論家」という肩書きを聞いて、珍しく思われる方は多いと思う。筆者は元々、経営コンサルタントとして12年近くやってきて、ホテルコンサルタントの仕事もしていたため、ホテルの経営や運営面についても専門ではあるのだが、これらの分野では多くのホテルコンサルタントや、業界に詳しいジャーナリストの方々が活躍されていた。

他方、ホテル利用者・宿泊者目線の職業評論家は知っている限りではおらず、「ホテルライフ」を評論することで、ここ数年、頻繁にメディアなどに取り上げていただけるようになったのである。

あくまでもホテル利用者・宿泊者目線をスタンスとして、年間150〜200泊ほどのホテル覆面調査や取材から、特に有名ではないがコストパフォーマンスやコンセプトに優れた、キラリと光る全国各地のホテル情報を発信してきた。

大きく状況が変化したのは、２０１３年10月の終わりに表面化した食材偽装問題がきっかけだった。約10日間で10本ものテレビやラジオの出演オファーをいただき、各局を飛び回った。その1ヶ月くらい前から、経済誌でホテルを評論しつつ社会状況にまで踏み込むというスタイルの連載をスタートさせていたが、まだまだ青二才の筆者にそうしたオファーが殺到したのは、真っ向からホテルを批判するという立場の人間がいなかったことが理由ではないかと推測した。

確かに、ホテルの素晴らしさや感動ストーリーが描かれた雑誌や書籍はたくさんあるが、ホテルの実態や問題をストレートに提起するジャーナルはおそらくなかった。ホテルにとってイメージは当然大切で、利用者を誘い込むために好感度を上げることは必須だ。しかし、イメージ先行のメディア露出が実態を伴っていないケースも時に見られ、実際利用した人からの「何だか違った」「がっかりした」という声をよく聞く。

筆者は学生時代、消費者保護への関心から消費者法や消費者問題を専攻していたという背景もあり、利用者・宿泊者から見た、ホテルにまつわる様々な問題を論じることが仕事になることはある意味必然だった。そして、実際に泊まってみるとがっかりしたという体験もホテル評論家としての原点のひとつである。時々、ホテルやメディアから「推薦記事を書いてくれ」という依頼はあるが、評論家業の根幹にかかわる部分なので、おすすめできない施設の場合は当然お断りしている。

また筆者は、いわゆる食材偽装問題などネガティブなテーマも扱っているため、ホテルの推薦記事の取材なのに「何か別の目的があるのでは」との疑念があるのか、ホテル側の広報から断られることが稀にある。特に伝統ある大型ホテルの広報の対応は厳しく、官僚的な印象を受けることは多い。かようなホテルの辛口記事を書くためには、評論家生命を賭する覚悟が必要とさえ感じる。逆に、本書で取りあげたホテルは、「面倒くさい要注意人物」である辛口評論家の取材を快く受け容れてくれた「サービスに自信のあるホテル」ともいえよう。

ますます競争が激化する中、あの手この手で客を獲得しようとホテルは躍起になっているが、実態を伴わないイメージ戦略で期待を抱いた利用者を落胆させることがいかに大きな損失になるかということを、ホテル側は理解すべきである。オンラインレビュー（ネット上の口コミ）で誰もが簡単に情報発信できる現代において、「利用者を納得させる」ことはまさに死活問題だ。今や、ホテル側もリスクを覚悟したイメージ戦略を考えざるを得ない時代なのだ。

本書は、食材偽装問題も含めた「ホテルのサービスに関する問題」を中心に、「ホテル業態の現状分析」「優れたホテルの紹介や利用術」という、大きく3つの柱から構成されている。前述の通り、あくまでも「日本国内のホテル利用者・宿泊者目線」で書かれたホテル評論であり、ホテル経営やサービスの専門書ではない。一般読者の方に、より一層ホテルに関心を持っていただいたり、ホテルにまつわる情報をトリビア的に楽しんでいただければ幸いである。

近年のホテル業界は、アライアンスの変遷やリブランドなど、変化が激しい。昨日はあのホテルだったが今日はこのホテルに変わっていた、というようなこともよくある。本書に記されている情報は基本的に2013年12月時点のものであり、もしかすると発売の時点ですでに変更になっている可能性があることをここで申し添える。また、宿泊料金については繁閑によって大きく差があることにも注意されたい。

目次

はじめに　3

第1章　ホテルサービスの限界

1　食材偽装問題　12
2　ホテルの原価　29
3　〝騙し〟のサービス　39
4　サービス多様化によるジレンマ　52

第2章　宿泊特化型ホテルの台頭

1　ホテル業態の区分　86
2　話題沸騰！　宿泊特化型ホテル　98
3　宿泊特化型ゆえの問題　111

目　次

第3章　ホテルはコスパとコンセプトで選ぶ
1　高級ホテルの凋落　122
2　時代はコスパとコンセプトへ　130
3　他業態の宿泊施設にも進化の波が　133
4　地方に驚くべきホテルが続々誕生　142
5　シティホテルの新たな潮流　150

第4章　〝瀧澤流〟ホテル予約術&利用術
1　予約術　156
2　利用術　161
3　ホテル災害への自衛策　164

特集①　人気宿泊特化型ホテルチェーン徹底比較　169

特集② 全国のコスパとコンセプトに優れたホテル20選 181
おわりに～365日365ホテルの旅～ 202
用語解説 205

第1章

ホテルサービスの限界

1　食材偽装問題

突然の電話

台風の影響もあってか、10月の終わりにしては夏のような暑さの鹿児島。九州のホテル取材や、ホテル経営者との会食など慌ただしいスケジュールを予定通りこなし、あとは飛行機で東京へ帰るだけという最終日。解放的な気分でホテルのモーニングを満喫していた。

そんな優雅な朝食の最中に、突然携帯が鳴った。産経新聞社大阪本社からの着信だった。夕刊に掲載したいので至急取材させてほしいという。取材依頼の内容を聞くと、「ザ・リッツ・カールトン大阪」のサービスについて話が聞きたいとのこと。阪急阪神第一ホテルグループの食材偽装・誤表示問題に関連して、阪急阪神ホールディングス傘下のザ・リッツ・カールトン大阪でも問題が明らかになったという。

既にテレビや新聞などで、阪急阪神第一ホテルグループの食材偽装問題は報じられていたが、今回は消費者問題の範疇《はんちゅう》であり、現にその専門家が発言しているのをよく目にしていたので、宿泊者目線のホテル評論家である自分に今回の問題で取材依頼があろうとは思っていなかった。

　数日前から複数の出張スケジュールをこなしていたので、移動が多くニュースを確認していなかったこともあったが、それまでのホテルカテゴリーとは違ったラグジュアリークラスのザ・リッツ・カールトン大阪と聞いて、にわかには信じがたかった。あの「リッツ」で一体何が起こっているのかという戸惑いと食材偽装の話ということもあって、それこそ後味の悪い気分でホテルの朝食を切り上げ客室へ戻った。

　パソコンを開きニュースを確認してみると、ザ・リッツ・カールトン大阪でもジュースやパン、エビなどでメニュー表記と異なる食材が使われていたという。再び新聞社から着信があり、同ホテルのサービスについて取材対応をした。

「ザ・リッツ・カールトンは、その独特のサービスにファンも多い世界的なホテルチェーン。サービスの特徴として〈ミスティーク（神秘性）〉があげられる。友人と廊下を歩きつつ何気なく今日は誕生日という話をしていたら、それを偶然耳にした清掃係が上司へ報告、そのゲストの客室へケーキが届けられ、ゲストは神秘的な気分に包まれたというように、常に従業員たちがゲストへ感動的なサービスを提供することを意識している」といった、同ホテルのよく知られたエピソードを紹介した。

既に予定時間をオーバーしていたので慌ててチェックアウトし、ホテルからタクシーで空港行きのリムジンバス乗り場へ向かっていたところ、今度は在京テレビ局から着信。阪急阪神第一ホテルグループ問題で、取材と収録をさせてほしいとのこと。

その後も、リムジンバス車中や空港でも各社から依頼の電話が鳴る。連絡先は自身のホームページに「取材出演依頼等はメールで」とアドレスしか載せていなかったが、これまでお付き合いのなかったメディアからも電話が鳴り、それこそ「ミスティーク」な気分に包まれた。

「誤表示」の連呼

その後もマスコミ各社からの依頼は続き、これは私自身も一度現地での取材が必要だと判断し、鹿児島から帰京後、即日大阪へ向かった。

大阪での取材は、阪急阪神第一ホテルグループのスタッフや納入業者にまで及んだ。既にホテル側もテレビ局からの取材を多数受けているらしかったが、テレビカメラがないことや「評論家」という肩書きからか「ここだけの話ですが」と、貴重な情報提供を受けることもできた。

その後1週間は、関連する問題の取材活動のほか、テレビやラジオ出演、新聞雑誌の取材対応や寄稿など、これまでの評論家生活において最も多忙な日々を送ることになる。学生時代に消費者問題を専攻していたことや、宿泊者・利用者目線のホテル評論家として食材偽装問題を追及していったことをきっかけに、ホテル業界が抱える構造的な問題を目の当たりにし、「果たしてホテルサービスとは何なのか?」という根本的な疑問も抱くようになった。

そもそも食材偽装問題は、阪急阪神第一ホテルグループの問題より以前に、東京ディズニーリゾートのホテルやプリンスホテルで発覚し、話題になったことがある。東京ディズニーリゾート内のホテルでは「車エビ」の表記で「ブラックタイガー」を使い、プリンスホテル直営のレストランではチリ産牛肉を「国産」などと表示していた。

阪急阪神第一ホテルグループで起こった問題も、これらと内容を同じくするものであった。阪急阪神ホテルズが運営するホテルなどのレストランで、鮮魚と表示しているのに冷凍保存の魚を使用するなど、メニューの表示とは異なる食材を使った料理を出していた。また、レッドキャビアと表示しつつトビウオの卵を提供したり、霧島ポークが別産地の豚肉だったり、信州と産地表示した蕎麦が信州産ではなかったりと、相当数の偽装・誤表示を行っていたことが明らかになった。

阪急阪神第一ホテルグループを運営する阪急阪神ホテルズの出崎弘社長の記者会見で印象的だったのは、ひたすら「誤表示」という表現を繰り返していたことだった。一方、ザ・リッツカールトン大阪の記者会見でも、「偽装ではないか?」という記者からの相次ぐ質問に、オリオル・モンタル総支配人は「誤表示」「ミステイク」と繰り返すばかりだった。容器詰めのジュースを使用していたにもかかわらず、メニューにフレッシュジュースと記載したことはあくまでも「誤表示」なのだという主張だ。

偽装や誤表示といった表現の法的解釈についてはここで触れないが、ホテル利用者からすれば、誤表示だと言われても、反復継続的になされている悪質さを鑑みれば、それはまさしく「偽装」である。同ホテルグループ利用者への取材では「バカにされている」「ナメられている」といった声もあった。

さらにミシュラン掲載旅館でも

鹿児島での突然の電話から1週間が経ち、過熱していた報道も少し鎮まりかけホッとしていたところ、再びテレビ局からの出演依頼があった。今度は『ミシュランガイド関西』に掲載されている旅館「奈良 万葉若草の宿 三笠」で偽装・誤表示が発覚したとのこと。外国産の鶏肉を大和肉鶏とし、おせち料理販売では車エビやからすみと表記しながらブラックタイガーや、タラ・サメの卵の模造品を使用し、お子様ランチ「バンビ御膳」では和牛ステーキと表示しながら、オーストラリア産の成型肉を提供していた。

特に問題だったのは、お子様ランチの中にアレルギーを起こす可能性のある食材が含まれていたことで、加工牛肉に小麦や大豆などアレルギー物質が含まれていたにもかかわらずメニューに表示をしていなかった。生命にかかわる問題である。

ところが、川越吉晃総支配人の記者会見が全く要領を得ない。「料理長自身の力不足・知識不足」と繰り返すのみ。テレビ局の編集室で、私は書き起こされた原稿とともに記者会見の様子を繰り返し見たが、自身が支配人を務める施設のオペレーションをほとんど理解していないのではないかという疑念さえ持った。

意外だったのは、ミシュラン掲載旅館ながら１泊２食１名のプランを実勢料金（ネット予約などで提示されている最安値レート）で１万５０００円〜２万円で利用できる宿だったこと。ホテル業界と同様、旅館業界でも二極化は進んでおり、１泊２食１名５万円クラスのラグジュアリー旅館と、片や６０００円などという激安温泉旅館チェーンが人気を博しているが、価格帯が中間層の旅館では、その強みは何なのか、コンセプトの打ち出しが求められる。

同旅館の宿泊者によるオンラインレビューを読むと、夕食の充実度に人気が集まっている様子がわかる。「牛肉の量が多く嬉しかった」などという書き込みが多い中、料理人へのプレッシャーも相当あったのではないかと考える。

旅館・ホテルの違いこそあれ、サービス業という基本構造は同じであるだけに根の深い問題だと改めて感じた。

また、「阪急阪神」ホテルズという名のとおり、鉄道会社が母体となっているホテルで今回の問題が立て続けに起こっていることにも注目した。前述した「奈良万葉若草の宿 三笠」も近鉄が母体となっており、親会社支配の人事構造にも問題の原因が潜んでいるのではないかと考えた。取材をすすめていくと、現場を熟知したプロが務めるべき支配人が、鉄道会社からの天下りというホテルも散見された。

もちろん鉄道系以外のホテルでも食材偽装問題は明らかになったが、鉄道会社支配の弊害についてテレビ番組の収録で語っても、なぜかカットされていたことが記憶に残る。

ホテルのグレード合戦

食材偽装問題の要因のひとつとして、近年、日本のホテル業態が急激に変化してきたこともあると考えている。

本書におけるホテル業態の区分については第2章へ譲るが（94ページの図表2参照）、久しくホテル業態の区分としては「シティホテル」「ビジネスホテル」という表現が用いられてきた。シティホテル＝高級なホテル、ビジネスホテル＝一般的なホテルというイメージである。

ところが90年代以降ホテル業態は変化し、特に2000年あたりから「ラグジュアリーホテル」という外資系を中心とした超高級ホテルと、一方「宿泊特化型ホテル」といわれる機能的で清潔感のあるホテルチェーンが人気を博し、そのどちらにも進化することができなかった旧来のシティホテルやビジネスホテルは苦戦を強いられてきた。阪急ホテル、阪神ホテルなどはまさに旧態型のシティホテルにあてはまる。

旧態型シティホテルのそれまでの上位顧客層はラグジュアリーホテルへ、ビジネスで利用していた顧客層は広くはないが清潔感や機能性に優れた宿泊特化型ホテルへ、というように顧客を奪われることになった。

これは実勢宿泊料金を見れば明らかで、例えば宿泊予約サイトでは高級ホテル区分とされている「大阪新阪急ホテル」のビジネスユース料金は、同地区の宿泊特化型ホテルの実勢料金を下回っているケースもある。

さらに、旧態型シティホテル経営の足かせになっているのがレストランやカフェ、バーなどの料飲部門である。ホテルの収入は宿泊部門の割合が高いというイメージだが、レストランやバー、ラウンジなどを持つコミュニティ機能が高いホテルの多くでは、バブルの頃には料飲部門が相当の収入を得てきた。しかし、今や惨憺《さんたん》たる状況で、コストがかかる割に利益が出ない部門といわれている。

とはいえ、料飲部門を廃止して宿泊特化型へ変わろうにも、巨大な規模ゆえ簡単ではなく、そもそもシティホテルが料飲施設やバンケット施設などのコミュニティ機能を廃止することは、その社会的責任を放棄することでもある。

ラグジュアリーホテルと宿泊特化型ホテルの二極化により、どちらにも特化できないホテルは苦戦を強いられ、屋台骨である宿泊部門の収益悪化に追い討ちをかけるように、さらに利益の出にくい料飲部門という重荷がのしかかる。他方、宿泊特化型ホテルが成功したのは、徹底したコストカットと、料飲部門を持たず宿泊に特化したことによるといわれる。

競争が激化するホテル業界において、旧態型シティホテルにおける料飲部門の厳しいコストカットは容易に想像できる。

大阪のホテルグレードと実勢料金

一連の食材偽装問題で、ラグジュアリークラスとしては異例となったザ・リッツ・カールトン大阪であるが、ここで大阪の主要高級ホテルの状況について見てみたい。

ザ・リッツ・カールトンは世界規模のホテル会社マリオット・インターナショナルが展開するいわゆる「マリオットブランド」のひとつで、2007年開業の「ザ・リッツ・カールトン東京」が記憶に新しいところだが、東京に先だって大阪では「ザ・リッツ・カールトン大阪」が1997年にオープンし、大阪エリアにおけるラグジュアリークラスホテルの牽引役となってきた。しかし、閑散期平日の実勢宿泊料金を見ると、正規料金の5万円台に対して2万円台と半額程度。東京の4万円台と比較しても安価である。

その後の大阪におけるラグジュアリークラスのホテルに着目してみると、2010年にはバトラーサービスで有名な「セントレジスホテル大阪」が開業、13年には「インターコンチネンタルホテル大阪」が開業し話題となった。そして、14年にはリッツ・カールトンと同じマリオットブランドの「大阪マリオット都ホテル」があべのハルカスにオープンした。

また、小規模だが高級志向のスモールラグジュアリーホテルとしては「堂島ホテル」や、建築家安藤忠雄氏デザインの「アルモニーアンブラッセ大阪」、そして老舗の「リーガロイヤルホテル」も大改装を施した。超高級の外資系ラグジュアリークラスから日系のデラックスクラスまでも巻き込んだ、激しいグレード合戦が展開されている。

マリオットブランドと書いたが、多くのラグジュアリーホテルは、国際的なホテルチェーンのブランド名を冠している。各ホテルチェーンでは多彩な会員プログラム制度を設け、特に上級会員ゲストへの手厚いサービスを展開している。詳細は後で述べたい。

《参考》大阪における主なホテルの開業年とスタンダードツイン・ルームチャージの閑散期実勢宿泊料金（２０１３年10月時点）

・ラグジュアリークラス

１９８６年　ヒルトン大阪　２万３０００円～
１９９０年　南海サウスタワーホテル（現・スイスホテル南海大阪）　２万５０００円～
１９９３年　ウェスティンホテル大阪　２万４０００円～
１９９７年　ザ・リッツ・カールトン大阪　２万６０００円～
２０１０年　セントレジスホテル大阪　３万円～
２０１３年　インターコンチネンタルホテル大阪　２万８０００円～

・デラックスクラス
1965年　リーガロイヤルホテル　1万5000円〜（年表記は現在の地に開業した年）
1985年　都ホテル大阪（現・シェラトン都ホテル大阪）　1万2000円〜
1992年　ホテル阪急インターナショナル　1万9000円〜
1994年　ハイアットリージェンシー大阪　1万2000円〜
1996年　帝国ホテル大阪　1万7000円〜

・スモールラグジュアリークラス
2006年　堂島ホテル　1万7000円〜（年表記はリニューアルオープンした年）
2010年　アルモニーアンブラッセ大阪　1万6000円〜

・ミドルクラス
1985年　新阪急ホテルアネックス9000円〜
1999年　ホテル阪神　8000円〜（年表記は現在の地に開業した年）
2000年　ホテルモントレ大阪　1万2000円〜

2007年　クロスホテル大阪　1万2000円～
※ホテルカテゴリーは第2章を参照

紳士淑女にお仕えする我々も紳士淑女である

エントランスでドアマンに名前を伝えれば、インカムでレセプションへ直ちに伝達、レセプションカウンターに到達する頃には、既に名前入りのレジストレーションカードが用意されている。以後、滞在中はコールバイネーム（名前で呼ばれること）が貫かれた快適な滞在が約束される。

前述のように、あの「ザ・リッツ・カールトン大阪」で偽装・誤表示問題が明るみになったことは衝撃だったが、もともと、リッツ・カールトンは日本人に人気のあるホテルブランドといわれている。それは、ゲストからサービスのリクエストを受ける前に、ゲストが望むことを察知した「提案型のサービス」を提供しており、自らの意思を伝えることが苦手といわれる日本人向きだからである。

また、リッツ・カールトンの従業員には1人1日2000ドルの決裁権が委譲され、上司の判断を得ずともゲストのために直ちに行動できる仕組みもあるといわれ、ゲストへの手厚いサービスを可能にしている。

そんなザ・リッツ・カールトン大阪の語り伝えられるエピソードを列挙してみよう。

・客室係はリピーターゲストの情報を共有し、再び泊まりに来た際の調度品配置やエアコン設定温度などの状態に気を配る。

・ホテルに老眼鏡を忘れたことに気付いたゲストが、東京へ向かう新幹線の中からホテルへ電話したところ、即日ハウスキーパーが東京まで老眼鏡を届けてくれた。

・東京からのゲストが書類を忘れていることに気付いた従業員が、新大阪から新幹線に飛び乗り東京の会社まで届けた。

・車のナンバーを見ただけで駐車場係が「○○さま、いらっしゃいませ」とドアを開けた。

このように、その徹底したサービスは枚挙に暇《いとま》がない。

またリッツ・カールトンでは、「従業員が誇りを持てる職場環境が、従業員自身の仕事に満足感を与え、そのような従業員によるサービスがお客様をも満足させる」という考え方があり、従業員の表彰制度などや「トレーニング」といわれる人材教育に力が入れられている。偽装・誤表示問題で、総支配人がその原因を「（従業員の）トレーニング不足」とさかんに説明していたが、リッツ・カールトンの精神が叩き込まれていなかったということなのか。

リッツ・カールトンの従業員は全て「クレド（信条）」と書かれた小さなカードを所持している。そこには「We are Ladies and Gentlemen serving Ladies and Gentlemen.（紳士淑女をおもてなしする私たちも紳士淑女である）」とあり、「信頼と誠実」とも書かれている。

そんな高尚な精神を掲げるホテルとは思えないような問題が起こり、果たして高級ホテルのサービスとは何なのか、当然限界やカラクリもあるのだろうと、改めて考えてしまった。オリオル・モンタル総支配人は記者会見でさかんに「ミステイク、ミステイク」と繰り返したが、「ミスティーク」が「ミステイク」になったとはシャレにもならない。利用者を裏切った罪は大きい。

ホテルマンの労働環境

食材偽装に絡みワイドショーに生出演したところ、直後に全国のホテル関係者や納入業者からの告発に加え、ホテルに勤める方からの「ホテルの労働は法令違反が当たり前」といった労働環境に関するメールをいただいた。何も労働問題はホテル業界に限った話ではないが、これを機に究極のサービス業といわれるホテルスタッフの労働環境に目を向けることになった。

取材を進めていくと、グレード合戦をはじめとしてサービス合戦やコスト競争などは、ゲストと第一線で接するホテルマンの労働環境も悪化させていることが明確になった。日本のホテルマンはホスピタリティ、いわゆる「おもてなし」に定評があるが、こうした環境ではその心も間もなく失われるのではないか。

ホテルは経営会社と運営会社が分離している場合が多いが、食材偽装についても「この予算で何とか工夫しろ」という経営会社からの指示に、現場が苦慮したことが発端となったケースもしばしば見られた。経営側と最前線の料理人に挟まれ、四苦八苦している支配人やホールスタッフの苦労については当初から指摘してきたが、労働環境の劣悪さも手伝って、結果として偽装誤表示に至ったという構図も見えた。

これは競争の激しい宿泊特化型ホテルにおいても同様で、全国規模で展開する有名チェーンでも労働基準法等の法令に抵触していることが問題になったケースもある。

食材偽装問題の新たな真相

多くの料理人は、お客様へ美味しい料理を提供したいと日々腕を振るっているわけだが、食材偽装問題の取材をすすめる中で、「料理人と納入業者の癒着」という構図も見えてきた。

一時、料理人と業者の癒着が問題となったことはあった。ホテルや旅館の経営上層部が現場に目を光らせ問題を改善した例もあったものの、一連の取材で現場から出てくる話題は、一連の報道では取り上げられなかったが、やはり料理人と納入業者の癒着であり、未だに深刻な問題である。

業界では「総上がり」といって、料理長が替わると料理人や業者も替わるというのは一般的な話だという。これの意味するところは、すなわち料理長の恣意的なオペレーションがまかり通っているということであり、料理長の息のかかった業者との癒着が起きやすいのである。納入業者から料理長へのキックバックは当たり前で、例えば伝票に書かれた食材とは異なるランクを落としたものを納入し、差額を渡したりするという。その他、接待から果ては新車を買ってもらったという例もある。

経営側としては許し難い行為であり、やはり現場の把握ということがポイントになってくるだろう。積極的に現場へ足を運び、納入業者も複数の業者を関与させ、相見積もりを取らせるなどのシステムづくりが必要である。

ホテル評論家という立場でこの一連の問題の渦中にいたが、コストパフォーマンスを重視してホテルを批評しているスタンスからは、「この料金を支払ってこのサービス？」という疑問の連続であった。ホテルとは夢を売る場所でもあるが、それはもはや夢物語なのか。

2　ホテルの原価

宿泊よりシビアな料飲部門

食材偽装問題でクローズアップされたホテルの料飲部門。果たしてその原価はどうなっているのか。

ホテルの宿泊料金は、変動制のシステムを採用しているケースも多く、需給関係により宿泊料金は変動し、閑散期であれば高級ホテルでも驚くような料金で利用することが可能である。特に観光地のホテルは、繁忙期と閑散期では料金の差が広がる傾向にあり、その差が10倍などという例もある。

したがって、ホテルの宿泊料金は多くの注目が集まる部分であり、ホテルの実力は実勢料金を見るべきだともいえる。

一方、料飲施設の料金については利用する日によって大きく変動するということはまずない。それらの施設はリピーターによって支えられているといっても過言ではなく、仮に大きく値上げをすれば顧客を失うことにも直結する。

他方、旅館は1泊2食付きが標準であるため、その料金はいわゆる「コミコミ料金」であり、供食のみの利益率についてはさほどシビアに注目されない。しかし、ホテルは宿泊部門と料飲部門が分離しているので、その差は明白になりやすい。

一般的な数字として、宿泊部門は正規料金で販売した場合、収入からの利益がおおよそ70%という割合に対し、レストランでは15%前後といわれる。レストランが利益で追いつくためには、宿泊に比べて5倍近くの売り上げを達成しなくてはならない計算だ。そのせいか特に高級ホテルの料飲部門の料金設定は、一般的に高いというイメージがある。

そこで、高級ホテルのレストラン、カフェ、バーなどの料飲施設における料金とその原価を人件費やサービスの面も含めて見てみたい。

ホテルの原価～カフェラウンジ編

人気があるという噂の、某ラグジュアリーホテルのアフタヌーンティーへ行ってみた。高級感溢れるサロンの雰囲気はさすがである。スタッフのサービスにもそつがない。

メニューを見ると……

①紅茶、コーヒーをメニューから選ぶ　４２００円
②①にグラスシャンパンが付く　６０００円
③①に３種類のグラスシャンパンが付く　１万２２００円
（①～③全てにプチスイーツなどが付く）

とある。

このホテルに限らず、コーヒーや紅茶に軽食やプチスイーツがセットになったアフタヌーンティーの料金が４０００円程度のラグジュアリーホテルは多い。飲み物はお代わり自由、プチスイーツ付きとはいえ、先ほど奮発して「１５００円のランチ」を食べてきた身としては驚きの料金設定であるが、ラグジュアリーホテルとあっては致し方ないとつい思ってしまう。

飲食と同時に雰囲気やサービスも買っているということは、ホテルにおいては共通するひ

とつの前提であるが、原価率の観点から言うと、ラグジュアリーホテルのアフタヌーンティーの料金設定は相当高いと言わざるを得ない。

経営コンサルタントでもある筆者は、飲食店に入店すると、開業資金や家賃を予測して料理や飲み物の原価率まで頭の中で電卓を叩いてしまう癖があるのだが、一般的に料理（原価率30％程度）と比較して飲み物の原価率は低いと言われている。

例えば生ビールは原価200円程度なので20～30％とかなり高い方であるが、ウーロンハイだと20円程度で原価率は10％～、コーヒーや紅茶だと、高級な豆や茶葉を用いても1杯の原価は50円程度という。

コーヒー、紅茶が飲み放題とはいえ、3杯から頑張っても5杯までが限度だろうか。原価は低く見積もっても、せいぜい150円から250円といったところだ。プチスイーツも食べ放題とはいえ、ランチ後のアフタヌーンティーでそんなに食べられるものではない。原価500円として4000円の約12％、仮に8000円としても約20％程度である。

さらにくせ者はメニューにもあるシャンパンである。ワインやシャンパンは、料理などと比較して原価がわかりやすい。このアフタヌーンティーで供されるシャンパンは一般的なものだったが、例えば高級レストランなどのメニューに並ぶ、有名な高級シャンパン「ドンペリ（Cuvee Dom Perignon）」なら比較しやすいだろうか。

酒屋で購入しようとすると白で1万3000円～、同じものが市中のレストランで2万円～、ラグジュアリーホテルのレストランだと3万円～になる。ちなみに、良くも悪くもドンペリの代名詞になったホストクラブでは5万円～で、最高級のドンペリプラチナだと原価17万円がなんと70万円以上に化けるケースもあるという。仕入れと販売の差額は50万円以上。さすがにホストクラブの50万円以上は儲けすぎだと思うが、これには及ばないものの、原価が高い商品ほど利益を乗せる傾向はホテルでもあるようだ。

さて、この原価と販売額の差の根拠は何かといえば、施設と人件費である。ホテルスタッフの人件費とホストクラブの人件費を並列に比較することはもちろんできないし、ホテルスタッフの人件費はかなり抑制されている現状もある。

しかし、シャンパンやワインは、手の込んだ料理のように、基本的に仕込みや調理をする人手は必要ない。栓を抜いてグラスに注ぐ程度である。雰囲気のいいレストランを経営する友人は「そういったものに不労の利益をたくさん乗せることはできない」という。その雰囲気、格式、ブランドを売っているとはいえ、高級ホテルの料金、恐るべしである。

ホテルの原価～バイキング編

高級ホテルのランチバイキングがブームになっている。ホテルクオリティの美味しい料理が、たくさんの種類を思う存分楽しめるのが魅力なのだろう。早速、大人気を博しているという某ラグジュアリーホテルのランチバイキングへ出向いてみた。

前菜からデザートまで、魚料理、肉料理などの豪華メニュー。ランチにして5000円程度の料金設定は、前述したアフタヌーンティーと比較する限りでは安いといえなくもない。ラグジュアリーホテルに限らなければ、一般的な高級ホテルのランチバイキングなら3000円程度だろうか……。いやはや、早くも高級ホテルマジックにかかってしまっているようだ。

ご多分に漏れず、ここでもホテルの儲けのカラクリはある。そもそもたくさんの中から選ぶという行為自体にバイキングの魅力があり、選ばれた料理は美味しく感じられるという心理効果もあるが、それ以前に様々な料理を見ているだけで満腹中枢が満たされていくという実験結果がある。

また、ホテルのバイキングでは、ステーキやローストビーフ、蟹などの目玉メニューを設け、客寄せに使っているところも多い。確かに目玉メニューだけを大量に食べられると赤字らしいが、そればかりだと飽きてくるのは当然で、逆に満足感は得られないであろう。やはりバイキングの楽しみは、たくさんの種類から好きなだけ、自由に選べることにある。

このような高級食材もあれば、サラダや卵料理など原価率の相当低い料理もあるが、意外にも偏りなく捌けていくという。また、提供する料理が決まっているので食材の無駄な在庫を抱える必要がなく、大量仕入れによる調達費用の節約が可能であるし、客が自ら運んでくれるのでスタッフは少なくて済み、人件費の節約も相当なものである。

一方、事前に提供する料理が決まっているという点では、「バンケット」も同様である。バンケットとは「宴会」などを意味する言葉で、ホテルのバンケットホールといえば、宴会場や結婚式の披露宴会場のことを指す。このバンケット、バイキングと同様に利益率は高いと言われている。前述のとおり、一般的なレストランでは原価率30％程度といわれるが、バンケットでは20～25％程度が指標になるという。

バイキングにせよ、バンケットにせよ、いずれにしてもホテルはしっかり儲けているようだ。

ホテルの原価～人件費編

食材偽装問題で現場の労働環境の悪化にスポットが当たった、究極のサービス業と言われるホテル業界。「ハード」「ソフト」「ヒューマン」がその三本柱といわれるが、特にヒューマンの部分は肝要で、言い換えれば「ホテルは人で決まる」ということだ。果たして、その収入に占める人件費の割合はどのようになっているのだろうか。

ホテルの収入は、宿泊収入、料飲収入と大きく分けられるが、おおよその人件費率は以下の通りである。

・宿　泊

宿泊部門とは、ドアマン、ベルボーイ、フロントなど、主に接客を担当する部門のことである。これら人件費は宿泊収入の20%程度といわれている。

・料　飲

レストラン、カフェ、バーなどの料飲部門の人件費割合は、宿泊部門と比べて高い。人件費の抑制が常に課題ともいえる。調理などをする裏方スタッフに加え、特にサービスを売りにするホテルの場合は接客スタッフの充実も重要で、一般的な飲食店の人件費は25〜30％といわれるが、これがホテルになると40％〜、高いところでは50％に達する場合もあるという。

・バンケット

バンケットの特徴として「予定がわかっている」ということが挙げられる。いつ客が来るか分からない店に常時スタッフを備えなければならない一般的なケースと異なり、客の規模や必要人員の把握が可能なバンケットは、スタッフも効率的に配置することが可能。また、スポット的にパートやアルバイトの手を借りることができ、人件費率は20％程度に抑えることも可能である。

ホテルの原価〜サービス料編

サービス業においては、サービスという行為が商品という側面もあり、その人件費換算はなかなか難しい。例えばサービススタッフの時給を60で割れば1分間あたりの人件費は算出でき、何分間スタッフが接客しているか計算すれば、サービスに費やす人件費は算出できる。

しかし、「ホスピタリティ」というサービスの質まで考慮すると、その商品価値を推し量るのは困難である。スタッフの心がけや態度といった個人の問題であり、客観的な基準はないからである。

ホテルでの飲食料金が高いのは、提供物がハイクオリティであるのに加え、スタッフのサービスへの対価や、豪華な施設の利用料も含んだ価格になっているからだ。とすれば、そもそも高額な飲食料金に含まれているサービス対価を受領した上で、さらにサービス料を請求するのは二重課税のようなものだと思う。

サービス料は一般的に一律10%とされるが、もともとサービスに従事するスタッフの士気を上げるためのシステムであり、本来その10%は、スタッフの収入に反映されるべきである。ところが、実際はホテルの売り上げとなるケースがほとんどだ。サービス料は、形骸化した悪しき慣習とすらいえる。

また、そもそも利用者側には、高級ホテルで提供される料理の質はもちろん、さらに雰囲気やブランドといった要素から、「高級ホテルだから高いのは当然」という先入観がある。それを逆手にとって儲けようというのであれば、ホテルとしてあるまじき姿勢である。

繰り返しになるが、高級ホテルで食事をするということは、同時にその雰囲気やサービスも買っているということになる。それでも利用者がいい気分に浸って、普段は味わえない食事から満足を得られれば大きな問題はないだろう。

しかし、食材偽装のような問題が明るみになると、そのサービスにまで支払ってきた料金は「果たして妥当だったのか？」という疑問が湧く。取材で何人かの利用者が口にしていたのは、表現は悪いが「ボッタクリ」という言葉である。

自らのサービスも省みず、「高額な対価を受け取るのは当たり前」といった驕りがあるとすれば、サービスの質、内容はもちろん、その他の高い料金を、ホテルには再考してもらいたい。

3 〝騙し〟のサービス

ブランドを保つための偽装!?

仕事柄、新しくオープンするラグジュアリーホテルなどの客室料金にはいつも注目している。また、そうした話題沸騰の高級ホテルに宿泊してみたいといった相談を受けることも多い。ただ、自分自身はそのような立ち上がり時期に宿泊することはまずない。

新規開業時に出されている客室料金は、話題につられた利用者が殺到することも手伝って、ご祝儀相場的な高額設定（正規料金）になっていることが多い。いかに安く宿泊して満足を得られるかというコストパフォーマンスを、ホテル評論での基準にしている身としてはとても泊まる気にはなれない。

また、開業直後に「当ホテルは今後宿泊料金を下げない」と言い切っている場合がある。以前、テレビで某外資系ラグジュアリーホテルが新規開業する模様を追ったドキュメンタリー番組を見た。ホテルの担当者は「料金を下げることはない」とカメラの前で豪語していたが、眉唾だと思って聞いていた。「そうはいっても少しすればかなり安くなるよ」という筆者の言葉に耳を貸さなかった知人は、早速正規料金で泊まっていた。

今やそのホテルは、当時の半額近くにまで実勢料金を下げているが、他の同クラスホテルの料金を見れば、いずれ当該ホテルが下げざるを得ないことが分からなかったとは考えにくい。知人は「高い料金を支払わされた！　もっと後に行けばよかった」と悔しがっていたが、程度の差こそあれ、ブランドイメージを保つための「偽装」ではないだろうか。とにもかくにも「ホテルの実力は実勢料金を見ろ」である。

騙しの白タク送迎

ホテルの〝騙し〟で思い出すのが、２０１２年5月、夜の関空（関西国際空港）に降り立った時のこと。

通常は関空から南海電車で難波まで移動し、ミナミ周辺のホテルへ投宿するパターンになることが多い。しかし20時という遅い到着に加え、翌日は朝早い札幌便に搭乗する必要があり、宿泊経験がほとんどない関空近くのホテルを選ぶことになった。

至近距離をメリットとして空港利用者をターゲットにしているホテルの場合、その利用価値はホテル・空港間の無料送迎にある。こうしたホテルで無料送迎がないとすれば、空港利用者にとってそのホテルの利用価値は著しく低下する。

関空周辺のデラックス区分ホテルで、当日シングル利用でのレートは７０００円〜１万３０００円といったところ。もちろん無料送迎付きである。そんな中、天然温泉付きというホテルが４９５０円という価格にて出されていたのでリザーブ。ホームページにあった関空〜ホテル間の送迎時刻も事前にチェックした。

関空のバスターミナルのはずれにある乗車場から、ホテル名の書かれた送迎用のワンボックス車に乗り込む。10分以上走り幹線道路から住宅地の細い道に入る。周囲は暗く、「こんなところにホテルなんてあるのか?」と少々不安になりかけたところで到着。

あろうことか、チェックイン時に「送迎代」として往復2100円を請求される。「送迎は無料ではないのか?」との問いに、「安い宿泊プランの場合は『1回1050円』で往復だと『2回の扱いで2100円』いただきます」とのこと。

他に交通手段のないこのホテルの場合には、なおさらいかがなものかと思うが、確かによくよく確認すると、ネット予約欄に羅列された注意書きの中に記載がある。たくさんの注意書きの中に紛れていて、その安い料金に注意を奪われていると見落とすことは容易に想像できるはずだ。

前述したとおり、関空利用者にとって無料送迎なき場合は、このホテルの利用価値は低い。往復2100円を宿泊料金に加算すると実質7050円。予約サイトの「宿泊料金安い順検索」に上位表示されることにより、他のホテルとの差別化を狙っているのだと思われる。

また、年間150~200泊程度、ホテルを利用している立場から見て、客室はかなり酷い。天井のシーリングライトを取り外した後が痛々しい。節電のためLED電球に取り替えたらしく、スイッチを何度押してもしばらく照明が明るくならない。ホテルの姿勢がまさにここに現れている。

宿泊特化型ホテルチェーンが、実勢価格５０００円前後で大浴場も備えた清潔で機能的なホテルを次々オープンさせている中、このホテルの実質７０００円は同地区の送迎付きデラックス区分ホテルとほぼ同一の料金であるし、立地から見ても高い印象である。

居たたまれず、滞在約30分ほどで早々にチェックアウト。あの送迎車で再び送ってもらったわけであるが、実はさらに重大な問題が存在した。

このホテルの送迎車は白ナンバーなのである。手元には「送迎料」と印刷された領収証がある。乗客から運賃を徴収する場合には、車両は緑ナンバーが必要であることは常識。移動したホテルから電話をかけ、対応したフロント氏へ指摘する。すると口ごもり、「あくまでサービス料として……頂いているので……」と弁明。上記事実の違法性有無についての検討はここでは避けるが、とにかく「サービス料」たる弁明に終始。

改めて後日、同ホテルのホームページを確認してみると、筆者の指摘を受けてのことなのか「1回525円」に値下げされ、ご丁寧にも「サービス料として」受領しているようである。何も理解していないようだ。こんな騙しのサービスもある。

騙しのデュベ

筆者は「デュベスタイル」という羽毛布団をシーツで包んだベッドメーキングを推奨しており、プライベートでホテルを選ぶ上でも目安にしている。とある某高層デラックスホテルで、「全室デュベスタイルに改装した」というプランがあったため期待を込めてチェックインすることにした。

ところが、いざ入室するとホテルのホームページでデュベスタイルとして掲載されている客室の写真とは明らかに異なる。これは紛れもなく、掛布団とマットレスの間にシーツを挟み込んだだけの「スプレッドタイプ」である。

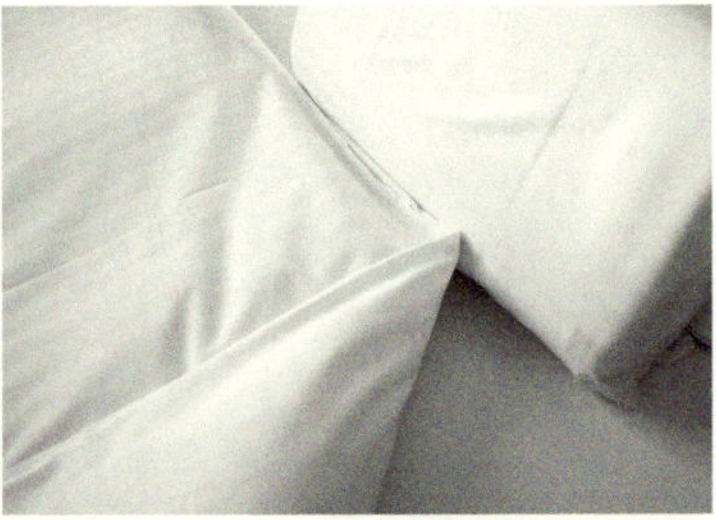

掛け布団をボックスシーツで全て覆うデュベスタイル

アサインされた客室を撮影した写真と、ホテルのホームページを開いたパソコンを持ってフロントへ。「アサインされた客室はデュベスタイルではないのか?」と問うとフロント氏、バックオフィスへ行き、しばらくしてから戻ってくると「こちら(アサインされた客室)も、あちら(ホームページの写真の客室)も当ホテルでは両方デュベスタイルと考えています」との回答。

「ホテル評論家をやっていて、デュベスタイルについても書いたりしているが、これをデュベスタイルと言われてしまうと……」云々と苦言を呈す。すると「なんでしたらこちらの写真の部屋（デラックスルーム）を同じ料金でご用意しますが」とのこと。「そういうやり方はポリシーに反する」と断る。

「デュベ」とはフランス語で羽毛布団のことを指し、それを用いたベッドメーキングの仕方を「デュベスタイル」と言います。通常のベッドメーキングはシーツの端を、ベッドカバーとともにマットレスに挟み込んだものを指すのに対し、デュベスタイルは、羽毛布団をシーツで包んだベットメーキングを指します。お客様に触れる部分が常に新鮮に保たれるほか、シーツがめくれる心配もございません。ふわっと軽く、且つ温かい使用感で、体への負担も少ないため窮屈感がないのがこのスタイルの長所です。当ホテルは、全客室にデュベスタイルを採用しており、お客様に心地良いひとときをご提供しております。（ホテルのホームページより引用）

確かにデュベスタイルの確固とした定義はない。羽毛布団を導入しただけでデュベスタイルと言われれば、それは「そのホテルのデュベスタイル」というひとつの定義になる。しかしアサインされた客室は、このホテルの定義する（ホームページに書かれた）デュベスタイルとも明らかに違うものだった。即ちアサインされた客室のベッドメーキングのやり方は、このホテルの言うデュベスタイルではない。しかも、このホテルでは全室導入を大々的に宣伝している。悪質さすら感じる。

デュベ導入をためらっているホテルは、布団全体をボックスシーツでカバーリングすることによるクリーニング代や人件費などの経費増大を理由に挙げる。しかし、このホテルでアサインされた客室のベッドメーキングの経費は、スプレッドタイプと同じはず。直ちに筆者にアサインした客室のベッドメーキングも写真掲載し、「当ホテルではこちらもあちらもデュベスタイルと言います」と説明するか、「全室デュベスタイルは嘘でした」と謝罪すべきである。このホテル、赤字続きの経営不振による経営権の譲渡で以前に名称が変更されたが、厳しい経営状態であることが関係しているのかもしれない。

予約したのにチェックインできない!?

筆者は通常、チェックイン予定時刻の1時間くらい前、時には30分前という直前に予約を入れるケースが多い。

仕事の予定が流動的なこともあるが、よりコストパフォーマンス（コスパ）の高いホテルを選ぼうと迷う場合もあるからだ。また、閑散期の当日予約では当日限定の格安プランなどが出されることもあり、繁忙期の場合でも、前日までは満室なのに当日午後に空室が出たりする。

そうした経験上、当日チェックインの直前に、いくつかの予約サイトを確認した上でより安い宿泊プランを探して決めることが多い。

もちろん直前とはいえ、ほとんどのホテルでチェックイン手続きはスムーズだが、まれに「予約が入っていない」と言われることがある。特に「当日限定プラン」の場合には、その当日であるのに面食らう。そうした時には、「1時間ほど前に〇〇サイトから当日限定プランで予約を入れました」と申し伝える。

しかしある時、フロントスタッフが何度も端末を叩いて確認するも「予約がない」と言われたことがあった。すると、ハッと思い立ったようにバックオフィスへ向かい、数分してから戻り「すみません、確認できました」と言うのだ。フロントに到着してから10分以上は経過していたであろうか。後ろで待っている客の迷惑にもなるし、何より予約を入れたのに

「予約がない」と言われるのは気分がいいものではない。

以前、とあるデラックスホテルでも同様のことがあり、理由を尋ねたら「まだシステム面ができておらず、予約を受け付けるホストコンピューターと、レセプション端末が連動していない」のだという。予約サイト隆盛な現在において、そんな端末は意味がないと思うが、他社の予約サイトとはいえ、そこへ宿泊商品を提供しているのであれば「予約がない」では許されない。

しかも当日限定プランである。もしシステム上の問題であれば、「1時間以上前でないと予約受け付けができない」などと表示すべきであるし、そもそも直前予約に対応できないような宿泊プランは出すべきではない。

また、フロントの混雑時には、ホテルがフルスタッフを配置した上で対応しているのであれば待たされるのは仕方ないとも思うが、混雑するとわかっていながら、少数のスタッフしか配置できないホテルは問題だと感じることがある。宿泊料金を支払うということは、ホテルで過ごす時間を買っているということなのだから、ホテル側の都合で滞在時間が削られるのなら宿泊料金は一部返金すべきだとすら思う。

大声で料金を言うな

その他、多々あるフロントスタッフとのやりとり例。特にデラックスクラス以上のホテルでスタンダードルームを格安予約した際のチェックイン時に、アップグレードを勧められることがよくある。安価なプランを探してやっとリザーブし、チェックインしようとしているところ、「あと３０００円プラスするとデラックスルームにアップグレードできますが？」などとフロントスタッフから言われるのである。

例えば恋人と一緒に来ていたら、男としてはアップグレードせざるを得ない場合もあるだろう。特に安価なプランで予約している場合には、アップグレードを勧められると断りにくいのも人情だ。その勧め方が強引な時には、弱みにつけ込まれていると感じることもある。

また、会計時に周囲の人に聞こえるような大きな声で料金を伝えるスタッフも困ったものである。接待などで招いた客が近くにいると雰囲気は悪くなるし、激安プランで予約している場合などは何となく恥ずかしいものだ。電卓を叩いてその数字を見せたり、印字された請求額を見せたりして、「こちらでございます」というのが常識だ。

客室の空調表示に騙されるな

季節の変わり目にホテルを予約する際に気にかけることの一つが、全館空調か個別空調かという問題である。規模の大きなホテルに多い全館空調は、暖房／冷房／送風とホテル全館で一括管理されているため、客室ごとに個別に設定できない場合がほとんどである。以前とあるホテルで苦言を呈したところ、全館空調の暖房を「エイヤッ！」と一気に冷房に切り替えてもらったことはあったが、これは希なケースであろう。

全館空調ホテルの客室にもエアコン設定パネルは設けられているが、それをたとえ15℃に設定し「冷房」と表示されていても、全館暖房であれば吹き出し口からは温風が出てくるだけである。

今となっては慣れたが、ホテルを頻繁に利用し始めた頃、季節の変わり目で客室が暑かったので空調の設定温度を下げたところ、パネルには「冷房」と表示され、いつか冷えるだろうとじっと我慢していたが一向に涼しくならない。吹き出し口に手を当ててみるとしっかりと温風が出ている。フロントに電話し確認すると「全館空調で冷房ではない」という。パネルの冷房という表示を信じていたが、冷房を暖房と読み替えるテクニックも必要だということを学んだのである。

このようなホテルで苦情を申し出ると、「扇風機を貸し出します」と即答されることがある。空調管理に苦慮しているホテルマン側の話もよく聞く。それでも、もし開閉できる窓があったり、密閉式でも外気取り入れ口があれば問題は緩和される。

これは、ホームページなどには書かれていないことがほとんどなので事前に直接電話して確認するしかない。しかし、密閉式窓で外気取り入れ口もないホテルの客室については、今さら開閉式の窓に改装したり、外気取り入れ口を設けるなど、おいそれとはできないだろう。

昨今の人気宿泊特化型ホテルチェーンの多くは、ホテルの規模にもよるが、各客室に個別エアコンが設置されていて、宿泊客自身がリモコンで冬でも冷房（これは時々必要性を感じる）、夏でも暖房（筆者はやったことがない）と心地よい空調に設定できるようになっている。

思い返してみると、特に秋～春の北海道で、全館空調の問題に悩まされたケースが多かった。真冬の旭川で全館空調、密閉式窓のホテルへ宿泊。空調はもちろん暖房の上、客室への日当たりが良いので客室内は蒸し風呂状態。ところが廊下に出ると大変涼しい。

しかし、客室の扉を開け放つのは防犯上よろしくない。暑さにうなされ眠れない。フロントに問い合わせるも「バスルームの扉を開け放っておくと多少違います」と即答。さらに

「角部屋なら涼しい」というのでルームチェンジしてもらった。確かに全然違う。さすが外はマイナス20℃近いだけのことはある。やむを得ない場合は角部屋指定もありだ。勉強になった。

筆者の見解としては、まずはホームページに「当館は全館空調のため○月までは暖房設定になっております。暑いと感じられたら扇風機を貸し出します」と記載すべきだし、せめて操作パネルには「現在全館空調／暖房中」などの表示が不可欠だと思う。

空調にも料金を払っているのである。不快な空調はホテルライフを根底から台無しにする。

4　サービス多様化によるジレンマ

サービスとは差別すること!?

海外の高級ホテルでは、客を見てあからさまな差別をすることはよくあることだと聞く。長年海外の一流ホテルを利用している方の話だと、特にそうしたホテルのレストランで、隅の下位席に案内され悔しい思いをしたことが鮮烈な記憶として残っているという。「サービスとは差別することである」とも語る。

しかし、そこでの悔しさが、次は認められるようになろう、次はあのホテルに見合う人間になろうと、自身を成長させる糧になり、次第に上席に案内されるようになっていく。やはり一流ホテルは、人を見ているのである。

主に国内のホテルを利用している筆者にとって、サービスの差別といえば「Ｗスタンダード」という言葉が思い浮かぶ。

大阪のとある高級ホテルのパーキング事情について述べたい。こちらでは、「ホテル専用」のパーキングスペースはエントランス前の実質十数台。しかしホームページを見ると、「パーキング数百台」と書いてある。

理由はホテルに直結している百貨店のパーキングとの併用だからである。このパーキングはかなり広大で、ホテルや百貨店のエントランスから遠い場合には駐車場内でカートによる送迎がある。東京からの長距離運転で疲れ、到着したらすぐにでもチェックインしたいところ。カートがあったとしても、やはり乗り換えて移動するのは面倒だ。

勝手知ったるリピーターならまだしも、初めて利用する人にとっては事前に情報がほしい。ホテルのホームページなどにその旨の記載があれば、他のホテルを検討できるし、ここを選択するにしても心の準備ができる。到着してから事情を知り面食らうのだけは御免だ。

ところで、十数台分の駐車スペースがホテルのエントランス前にあると書いたが、ここでとある出来事があった。

幸運にもエントランス前のパーキングが空いていたので駐車し、エントランスからロビーへ直行して実にスムーズかつストレスフリーにチェックインできた。さてその後、外出する場合はどうなるのか。こうしたケースでは通常、係の者が「外出中」を示すコーンを駐車スペースに置き、戻ってくるとまた同じ場所に停められるケースが多い。このホテルでも、過去に同じことは何度かあったが、常に同様の対応をしてくれた。

ところがある時、外出しようとしたところ「一度外出されますと場所をお取りしておくことはできません」と言う。筆者が「以前はやっていただけましたよ」と言うと、「できません」の一点張り。ルール変更があったなどの説明があれば納得できるのだが、と思いつつ外出。戻ってくると案の定、そのスペースは埋まっている。別の係（ドアマン）に経緯を説明してみたものの、やはりスペースをとっておくことはできないという。

前述の対応でトラブルが多かったのだろうということは予想の範囲内だが、今後のこともあるのでやはり確認したい。単にルールが変更になったのであればそれで納得できるし、外出時のこちらの判断も変わってくるわけだが、とにかく前回と異なる理由を問うても全く説明しようとしない（この時点でかなりしつこい客ではある）。百貨店パーキング併用の件も含め少々クレームをつけた。

するとドアマン、憮然とした表情で「ではこちらへどうぞ」と、おそらくホテルで押さえているると思われるスペースのコーンを取って案内。ご厚意に甘えて駐車したわけだが、やはりひっかかる。なぜクレームがあると取り扱いが変わるのだろう？　それはいいとして、例えば「こちらが今、偶然空きましたのでよろしければどうぞ！」と演技でもいいからやってほしい。うるさい客にはこうしろ的な、「見え見えのWスタンダード」である。

同じくホテルパーキングの話。場所は変わって名古屋、ターミナル駅のデラックスホテルでの出来事。こちらもパーキングは複合施設との併用で、ホテル専用は地下1階エントランス前の実質数十台。そのスペースは宿泊者専用スペースとなっており、いつも利用して助かっている。

何度も宿泊していた勝手知ったるホテルだったが、その日は専用パーキングに黒塗りの高級車がズラッと並んでいた。しかも運転手が待機している。ドアマンに「ここは宿泊者専用スペースだよね？」と問うと、「今日は会合があるようで、ご覧のような状況でして……」と困惑の表情をしている。

仕方ないので地下2階へ移動し、エントランスからはかなり離れた場所に停めてチェックイン。ロビーの催し物案内を見ると、某銀行の講演会との表示。あぁ、これかと納得する。

偉い方々が来ればエントランス前の一番良い駐車スペースを提供したい、あるいはそうせざるを得ない事情もわかる。しかし、ここでも言いたいのは、そうだとしたら宿泊者専用という案内表記をはずし、場合によっては宿泊者専用スペースでなくなることもあると説明すればいいだけのことである。宿泊者専用と表記してあるのに、全てのスペースが宿泊者以外で埋まっていることが問題なのである。

駐車できないはずのスペースだったのにクレームを言えば駐車させたり、偉い方が来たらその場でルールを変更するような見え見えのWスタンダードはやめろということである。

冒頭に書いた、海外の一流ホテルのような「粋な差別」には一流ホテルとしての矜持がある。そうした例外的なホテル以外は、サービスのWスタンダードは客へ知られないよう密かにやるべきである。既に客に見えてしまっている場合は、アドリブで演技すべきだ。すなわち柔軟さが必要である。それでゲストが幸せな気分になれるのであれば、ホテルマンは時として俳優であってほしいとも思う。

究極のサービス業

ホテルは究極のサービス業といわれる。ホテルで働けば多くのサービス業で通用するともいわれるが、とはいえ多くのサービス体制の整ったフルサービスの高級ホテルもあれば、寝るためだけのビジネスホテル、果てはカプセルホテルまで様々ある。

一般的に高級ホテルでは各部門に分かれたきめ細かなサービス、宿泊に特化したホテルはフロントを中心とした限定的なサービスが特徴である。

《ホテルの主なサービス》
―基本的なサービス―
・フロント
チェックインやチェックアウトの手続き、メッセージの預かり、両替業務などを行う。
・ハウスキーピング
客室の掃除や点検を行う。

―高級ホテルのサービス―

・ドアマン

ホテルの玄関でゲストの出迎えを行う。車の誘導から荷物の搬入、ベルボーイへの引き継ぎ、ホテルのインフォメーションなども担当する。

・ベルボーイ

チェックインやチェックアウト時にゲストを案内したり、荷物の運搬や客室の説明などの案内や誘導を行う。

さらに、宿泊料金の高いハイクラスのホテルになると、さらにゲストの要求に応えようと、以下のような付加サービスを提供するケースが多い。

―ハイクラスホテルの付加サービス―

・ゲストリレーションズ

コンシェルジュとも呼ばれ、ゲストからの様々な依頼や相談に対応する。

・ルームサービス

客室へ食事や飲み物を提供する。

その他、ホテルの様々なサービスを客室電話のボタンひとつでリクエスト可能な「横断型サービス」ともいえる対応を行っているホテルもある。ウェスティンホテルの「サービスエキスプレス」などが有名である。

他方、前述の通り宿泊に特化したホテルのサービスは限定的で、基本的にはフロント業務が中心となる。ビジネスホテルではスタッフ１人が何役もこなす体制をとっているところもある。

以上のように、基本的には料金の高い安いで、ゲストが享受できるサービスは決まってくる。

ホテルチェーンの会員プログラム

少し見方を変えて、内容・質ともに最高峰に位置づけられるホテルチェーンの会員プログラムにおける、上級会員向けのサービスについて掘り下げてみたい。

会員プログラムとは、ホテルチェーンのポイントサービスなどのことで、会員になることにより様々な特典を受けられる。国際的にはＦＳＰ（Frequent Stayer Program）ともよばれている。

多くのＦＳＰでは会員種別にグレードを設け、系列ホテルへの宿泊数などに応じて会員グレードが上がり、上級会員になると受けられる特典も多くなる。このホテルの会員プログラムは、日本人の一般旅行者にはあまり浸透していないが、一部の旅慣れたヘビーユーザーにとっては常識となっており、複数のチェーンの上級会員のステータスを持つ人もいる。

ホテルの会員プログラムは、航空会社のマイレージプログラムを思い浮かべるとわかりやすいかもしれない。マイレージプログラムでは、上級会員専用のチェックインカウンターやラウンジ、手荷物許容範囲の緩和、機内への優先搭乗、キャンセル待ちの順番繰り上げなど様々な特典を設けているが、同様にホテルの会員プログラムでも、上級会員向けに客室のアップグレード、専用ラウンジの使用、レイトチェックアウト、ポイントを利用して無料宿泊券がもらえるなど手厚いサービスが用意されている。

―受けられるサービスの例―

・専用予約電話、優先予約
・客室確保の保証
・専用チェックインカウンター
・アーリーチェックイン、レイトチェックアウト
・客室のアップグレード
・会員専用フロアの利用
・新聞や飲み物などの無料サービス
・ヘルスクラブの無料利用
・ポイントによる特典（無料宿泊など）

会員プログラムでは、ある一定の決められたレート以上で系列ホテルに宿泊する度にポイントが加算される。よって、ポイント獲得やステータスアップのためには、会員になっているホテルチェーンを選び続けることになる。

その場合、基本的にホテル側の提示するレートで宿泊料金を支払うことが条件となり、旅

行会社を経由した安価な予約方法（宿泊予約サイト）を利用しない結果、宿泊コストが上がる場合がある。

また、希望する滞在地に会員となっている系列のホテルがなく、少し離れた場所にある当該チェーンの宿を選択する場合、余分な交通費が必要になる。さらには、会員プログラムに慣れてシステムやルールに詳しくなると、ポイント獲得やステータスアップのために、特に用事がないのに系列ホテルに泊まるという人まで出てくる。航空会社のマイレージプログラムでいう「修行」と似ているか。

ホテルの会員プログラムや航空会社のマイレージプログラムなどは、第一には優良顧客を囲い込むことを目的としている。売り上げの8割は顧客数の2割によりもたらされるといわれるが、特に競争の激しいホテル業界の場合、その2割の優良顧客を繋ぎ止めることはかなり重要である。

優良顧客は会員プログラムに参加し上級会員になることで、さらなるメリットの還元が得られ、ステータスを実感することができる。ホテル側も会員になった顧客の基礎情報から好みや利用傾向をデータベース化し、チェーン内で共有することで優良顧客への手厚い還元が可能になる。また、こうしたデータベースの蓄積がサービス内容や価格設定などの見直しに繋がることもあり、結果として2割の優良顧客が他チェーンへ流れるのを防ぐことにもなる。

実は昨今のホテル業界では、会員プログラム制度は、ホテルの利益にそれほど貢献していないという分析もなされている。一般にこのような会員プログラムは、競合チェーンよりも先んじて導入すればより多くの会員を獲得できるというメリットはあるが、今や会員プログラムの多種多様化によりホテル間で激しい競争となっている。

例えば「ステータスマッチ」というプログラムを移行するためのお試しシステムがある。とあるホテル会員プログラムの上級会員資格を持つ人が、他のチェーンの上級会員資格を一時的に試し、気に入れば継続利用できるという仕組みである。

このシステムは、優良顧客獲得のチャンスになるという考え方から採用しているところも多い。その他にも、新規会員の獲得や維持のために、特典、見返りが度を越しているケースは散見される。

そうした競争の結果だろうか、最近、ホテル側の対応に疑問を呈する上級会員の声がよく聞かれる。

そこで、ホテル上級会員について情報発信をしているブロガーの方々にアンケートを行ってみた。みなさん、貴重な情報を提供しているホテルのヘビーユーザーである。多くの回答が寄せられたが、それを見ると、「専用ラウンジはいつも混雑」「(会員向けブッフェの)料理や飲み物がなくなっても足されない」「同じチェーンなのにホテルによって使えない施設がある」「専用のチェックインカウンターでは対応する人数が少ない」など、折角コストをかけて得た上級会員のステータスもこれでは生かしきれない。洗練された高度なサービスが求められる上級会員の世界では、そのレベルの高さゆえに皮肉にもサービスの瓦解が生じている。

多様化の結果としての均一化

サービスの質を追求するホテル側の努力は、サービスそのものを多角的に発展させるが、同一ホテル内で一定のクオリティを保つことが困難になるというジレンマがある。サービス向上の努力が皮肉にも経営陣と現場との乖離《かいり》を引き起こし、それが前述した食材偽装問題の端緒にもなっている。

施設の規模が大きくなると顧客も多層的となり、不特定多数のゲストへ一定以上の満足感を与えようとするため、サービスのきめ細かさが逆に足かせとなり、最大公約数的なサービスに変質する。合理的運営を迫られることは仕方のないことであるが、サービスの質があるレベルまで到達しあらゆる種類が出尽くすと、施設間の差異は薄れホテルサービスは均一化していく。

あの手この手でゲストが振り向いてくれるサービスのアイディアを出すことはサービス業の至上命題であるが、特に究極のサービスを追求するラグジュアリークラスのホテルではサービス均一化の傾向を感じる。

一方、ある驚異的な客室稼働率を叩き出す高名な旅館チェーンの経営者は、「小うるさいお客様が心からその店を愛してお小言を言う……これが目指すべき理想でしょう」と語る。顧客満足の充足を追求すべくあの手この手を施す以前に、その旅館やホテルを愛するゲストの声で施設やサービスが変わっていく。

これはクレームではない、一個人からホテルや旅館への愛情溢れるアプローチ。この経営者の言葉に全てのサービス業に通じる、あるべき姿勢が見てとれる。

2020年に東京オリンピック開催が決まったこともあり、ラグジュアリーホテルのさらなる進出計画が発表されている中、果たしてどんな新しいサービスを提示してくるのか、既存ホテルとの差異はどこにあるのか、そのサービスに支払う金額は妥当なのかなど、興味は尽きない。

いずれにせよ、サービス合戦のなれの果てが、食材偽装のように利用者を騙すようなことであってはならない。

クレーム

ホテルのサービスは多種多様である。サービスを売りにする高級ホテルには、客室に加え料飲施設をはじめとした様々な付帯施設があり、〝ひとつの街〟ともいえる大規模なところもある。また、ホテルは究極のサービス業とも言われるが、「法に触れること以外はなんでも承る」といって憚《はばか》らないホテルもある。

そのようなサービス合戦の陰には、ゲストから浴びせられる数多のクレームがある。施設全体に関するクレーム、客室に関するクレーム、料飲施設に関するクレームなど多岐にわたる。近年の傾向として、宿泊者がネット上に口コミとしてクレームを書き込むケースも多く、そのオンラインレビューへの対応はホテルによっても分かれる。

ホテルサービスと一体であるように存在するクレーム。さて、どんな驚きのクレームがあるのだろうか。

《驚きのクレーム・要求》
・バスルームの排水が悪い　↓　冷蔵庫の飲み物を全てタダにしろ
・チェックインで待たせすぎ　↓　スイートルームを使わせろ
・ロビーの段差でつまずいた　↓　床を削れ
・ルームサービスで食事中に料理をこぼした　↓　新しい洋服を弁償しろ
・予約日を間違えて予約した　↓　俺はちゃんと予約したけれどホテルが間違えた。気分が悪いからタダで泊めろ
・駅で大事な書類をなくした　↓　駅と直結しているホテルだから責任をとれ
・近場の美味しい飲食店を教えた　↓　不味かったから弁償しろ／宿泊代をタダにしろ

まさにクレーマーといえるものもあるが、実はホテルにとって改善のきっかけになることも多い。

《クレーム、苦情への対応で誕生したサービス例》
・駐車場がない（都内駅近のビジネスホテル）　↓　隣接地を購入して駐車場を作った

・チェックアウトに時間がかかる　↓　自動チェックイン／チェックアウト機の導入
・喫煙ルームがくさい　↓　脱臭機を「全室に」設置した
・血圧計がない　↓　貸し出し品として用意した

あるホテルマン曰く、「クレームの際に真摯にお話をさせていただいた結果、顧客になっていただいた方も多い」とのこと。「ご立腹になり、その場ではひとまず納得していただいた方から、後日再び予約が入り、それから徐々に親しくなって何年もお付き合いさせていただいている」ということもよくあり、「クレームからはじまるお客様とのご縁といったところ」との声も聞く。

宿泊客からの相談

宿泊者目線のホテル評論家ということで、筆者にも客の側から相談が寄せられることも多い。いくつか事例を挙げてみる。

・エレベーター前の部屋は何かと騒がしくゆっくりできないので、料金を安くするなどできないのか？

ホテルの客室料金は需給バランスで決まるが、実はエレベーター前がいいという声もある。筆者自身も、予約時にエレベーター近くのアサインを希望する。特に大きなホテルになると、エレベーターから客室までの移動距離が長くなり、外出に不便なこと、また、ホテル設置の自動販売機などはエレベーター近くにあることが多いことなどがその理由である。

よって、エレベーター前の客室を安く、というより、エレベーターから遠い客室を「訳ありプラン」として安く提供している施設もあるくらいである。

・部屋のサイズや窓から見える景色だけで値段を決めるのではなく、騒音環境も考慮してほしい！

騒音は、その時そのホテルに居合わせた客次第という不確定要素が多い問題だが、ホテルとしては、ファミリーを下層階にしたり、工事などがあって騒音が事前に想定される場合は、割安に提供したりするケースがある。

・ビジネスマンフロアや観光客フロア、ファミリーフロアなどを設置できないのか？

昨今のホテル業態は細分化されていて、ホテルそのもののターゲットが、ビジネスマン、ファミリー、観光客と分かれていることが多いので、ホテル側としてさらにそのような区分を設けることはリスクが大きい（他のフロアが満室の時、そうしたフロアに他の客をアサインできない）。

・シーツの硬さをステーキの焼き加減のように、ミディアムとかウェルダンとか選べないのか？

枕の硬さを選べる宿泊特化型ホテルは増えているが、これはなかなか面白い意見である。

・近くの部屋が早くチェックアウトしても清掃は待っていてほしい。掃除の音で起こされるのは勘弁。

それどころか筆者は清掃係に客室へ踏み込まれたこと数知れずである。清掃の騒音は安いホテルほど顕著で、高級ホテルになるほど低減されるのが一般的ではあるが……。いやはや、ホテルライフも大変である。

ホテルに寄せられた様々なクレームを取材して、面白い傾向があることに気が付いた。安価なホテルよりも、ある程度のサービスレベルが求められる高級ホテルのほうがクレームは多いかと思いきや、実は逆で、宿泊料金の低廉なホテルほど、いわゆるクレーマー的な内容が多いというのだ。とある格安ビジネスホテルチェーンで支配人を務めた男性は少しグレードの高いホテルへ転職したが、クレームが少なく驚いたという。

他のホテルを知らないホテルマン

ホテル評論家という仕事柄、ホテル経営者をはじめ現場で活躍するホテルマンへ取材の機会は多い。そのホスピタリティの姿勢には、いつも勉強させられるばかりであるが、ホテルマンからの質問も多く、その最たるものが「あのホテルはどうでしょうか?」といった他のホテルの感想を求めるものである。確かに毎日同じホテルで働いていれば、他のホテルを利用する機会は少ないだろうし、他のホテルが気になることも大いに理解できる。

他方、「ホテルは人」であり、ホテルマンの質でホテルが決まるとも言われる中、優秀なホテルマンはヘッドハンティングされる機会も多く、有名ホテルを渡り歩いてきた経験豊富なホテルマンも存在する。

そのような機会に恵まれたホテルマンは、様々なアプローチからホテルサービスを俯瞰できるだろうが、経験の浅い多くのホテルマンは一定の部署で日々の業務に追われ、他のホテルのサービスに接する機会はほとんどないといってよい。

日本のホテルマンのサービス精神やホスピタリティは世界でも群を抜いていると言われる。一方、実際の現場では経営や管理が優先され、ホテルマンの士気を失わせている現実も様々な取材を通して見えてきた。既に述べたように、グレード合戦やサービス合戦、そしてコスト競争の陰で、ホテルマンの労働環境も悪化の一途を辿っているようだ。

労働組合を持つホテルもあるがそれは希なケースで、他業種同様、実際には労働法に抵触する環境になってしまっていることは多い。世間一般にはよくある労働問題だが、ホテルマンの現実がこれではゲストへ満足なサービスを提供することは困難であろう。このままでは優秀なホテルマンの育つ芽が摘み取られてしまうのではないか。

スモールホテルの流儀～ホテルココ・グランを例に

ホテルはしばらくの間、超高級なラグジュアリーホテル／宿泊に特化したホテルと二極化が進んできたが、ここ数年、その中間ともいうべき、料金はビジネスホテル並みに抑えつつ、客室や付帯施設などを充実させ、新たなサービスに重点を置いた「コンセプトホテル」ともいえる小規模ホテルが多く出現し好評を博している。これらは特徴を持ったハードに加え、綿密なセグメント・マーケティングにより新たな需要を生み出したとみるべきだろう。

２０２０年に開催が決定した東京オリンピック効果で外国人観光客のホテル需要の増大が期待されるが、来日する外国人にとっては、羽田空港国際線の利便性は向上したものの、ＬＣＣなど安価な移動手段も考えると、やはり成田空港は現実的な選択肢である。

都心の一等地にある超高級ホテルや湾岸地区のホテル需要も相当なものであろうが、オリンピックついでの観光を考えると、都内ではスカイツリーや浅草、秋葉原なども人気になるだろうし、京成スカイライナーの利用などから、上野周辺は注目すべきスポットとなる。

そもそもここ数年、スカイツリー開業を見越して、上野地域では宿泊特化型のエコノミークラスからミドルクラスの小規模ホテルの開業ラッシュとなった。実際にいずれのホテルも高稼働率を維持しており、オリンピック効果でさらに外国人観光客の需要は増えると見込まれるが、独自のコンセプトを打ち出してきた、それらスモールホテルのサービスに驚く。

例えば、京成上野駅から至近の不忍池を一望できる「ホテルココ・グラン上野不忍」。コンセプトを持ったビジネスホテルといった位置づけであるが、スモールホテルにして様々なパターンの客室を備える。畳を配した「ZENツイン」ルームなども設け外国人観光客に好評だ。

客室に露天風呂・岩盤浴室を備えたスイートルームは、都内のラグジュアリーホテルにもない設備を持ちながら、利用しやすい料金設定プランもあり、外国人富裕層にも人気となっている。

外国語CS放送3波（CNN、KBS、CCTV）を無料提供、外国語対応スタッフはもちろん、このクラスのホテルでは見られないフロントサービス（荷入れ、バス、飛行機の予約、浴衣の着付け、スカイツリーチケット予約等）や26時間ステイなど、増加している外国人観光客に対して、既にオリンピックも見越した対応となっている。

また神社仏閣や美術館などが近く、公園が目の前でジョギングコースもある立地も外国人観光客に好評であり、自転車のレンタルも行っているが、こうした対応は大規模なラグジュアリーホテルでは難しいであろう。

ラグジュアリーホテルのような隙のない完璧なサービスではないが、お客様に喜んでいただくためにはどうしたらいいのかという姿勢が常に見てとれる。小規模チェーンだからできるフットワークの軽さなのかもしれない。

確固とした経営基盤を持たないスモールホテルのコスト意識は高い。各部門が独立したオペレーション体制を持つ大型ホテルに対し、従業員各自の持つ責任の重さもさることながら、サービスも横断的で機動力のある進化系スモールホテルに見習うべき点は多いのである。

クレーム対応にしても然り。ホテルココ・グランは、上野の他に都内だと北千住、その他、群馬県の高崎に店舗を持つ小規模なホテルチェーンであるが、週１回の頻度で開かれるクレーム会議でゲストからの声や要望に即断即決で対応し、これでもかという徹底したサービスを貫いている。

もちろん宿泊者のオンラインレビューでも絶賛されているホテルである。ゲストばかりではない。当方の取材やリサーチ依頼にも即日、遅くとも翌日には返答をもらえるという大規模ホテルでは見られない軽快な対応に驚く。

サービス業の鏡のような供食体制

ホテルココ・グランについては、ホテル本体の取材は済ませていたが、その後一連の食材偽装問題が発生したこともあり、同グループ内で唯一のレストラン「ココシエール」を持つホテルココ・グラン高崎の料飲部門へ取材に出向いた。

同店の供食体制は、朝食バイキング、ランチ、限定的なディナーを提供する程度であるが（2013年11月現在）、今後本格的なディナー、バータイムの運営も行っていくとのことである。

とにかく宿泊運営同様に、クオリティと利用者目線を徹底的に貫いているココシエールのオペレーションは感動的ですらあり、利用者の絶大な支持を受けている。それは、ランチ時の待ち順を用紙に書き込むためにオープン前から並ぶ客を見れば想像に難くない。

さて、食材偽装問題に絡みどのような意見をお持ちか、同レストランの若き山田高広料理長へのインタビューを試みた。問題への感想はもとより、メニューや食材選定の過程、予算決定の過程、誤表示などのチェック機能体制、これまで実際発生した問題やクレームと対処と、非常に丁寧な答えをいただいた。

まず感心したのは、料理長の責任において何重ものチェック体制をとっているという点。

納品点検から提供まで、さらには事前の業者との交渉から事後のクレーム対応まで、料理長による厳しいチェックが何度もなされる。

また、新しいメニューを導入する際には、ココ・グラングループの経営会社社長や役員、現場のホテルスタッフから、なんと駐車場スタッフまで横断的に集う試食会が催され、原価や食材の説明などが料理長からなされる。何かしら疑問がある場合は誰でも質問でき、少しでも問題点が残った試作品は否応なく落選していく。

料理長にとって試食会は緊張する場面でもあるが、忌憚無き意見は非常に役立つという。かように反復されるチェック体制ということもあろうか、実際お客様から喜びの声が届くことが多いとのことで、スモールホテルならではの成熟した「料理長とお客の関係」が相互の信頼感をも生んでいるようだ。

最後に、山田料理長へ料理を提供する上で大切にしていることを尋ねると、「ワクワクドキドキ」との答え。もちろん、「次はウチか」「偽装が見破られているかも」のドキドキではない。料理を通じてお客様にワクワクドキドキしてほしいということだ。一連の偽装問題発生後も、ココシエールでは特段の再チェックは実施しなかったという。もはやサービス業としてのステージが違うのである。

客の境遇次第という面もある

経営コンサルタントとして全国を駆け回っていた15年近く前から、各地のホテルを利用してきた。当初は当然宿泊したことのないホテルばかりで、ネットの情報も充実しておらず、ホテル紹介本や、電車の時刻表に広告掲載されているようなホテルから選ばざるを得なかった。そのため事前情報が少ないこともあり、宿泊した結果、感動することもあれば相当失望することもあった。

そのような模索を続けているうちに、次第にホテルライフそのものに興味を抱くようになり、心地よい時間を得るために仕事ではなくてもホテルに泊まるようになった。

ある時、仕事がうまくいったことがきっかけで、都心の超高級といわれるホテルに思い切って宿泊してみた。フロントから客室まで「素晴らしい！」と感動しきりである。事前に聞いたところによると、このようなホテルではリクエストを何でも聞いてくれるという。

そこで、客室で入浴しようと思ったところ、個人的に好きな銘柄の入浴剤がなかったので、ダメもとでリクエストしてみた。そうすると、5分後に指定された入浴剤を持ってきてくれたのである。とても感動したのだが、本当の感動はその1年後にやってきた。

1年ぶりに同じホテルを予約して客室に入ってみると、なんと同じ入浴剤が浴室にセットされていたのである。

その後ラグジュアリーホテルに宿泊する機会が増え、またホテル評論の仕事をはじめたことで、感動的な出来事をたくさん体験し見聞きすることもあり、確かにこんな入浴剤の話よりも素晴らしいエピソードは溢れている。でも、あの時の体験は、当時だったからこそ心に深く届いたと思っている。良いホテルか否かは、そのゲストがおかれている状況次第ということも重要なファクターなのである。

とある横浜のホテルの話。そこは、ラグジュアリーでも宿泊特化型でもない中途半端な位置づけともいえるホテルである。そこには、コストパフォーマンスの高い鉄板焼きのお店があり、鉄板焼きディナー付きのかなり安価な宿泊プランを提供していた。そのプランがいたく気に入りホテル通いがはじまった。

そんな頃、ディナータイムの鉄板焼き店でＫさんという男性スタッフに水をリクエストした。筆者は氷入り、家内は氷抜きを希望して持ってきていただいた。１ヶ月後、再び出向いたところ、リクエストせずともＫさんは家内へ氷抜きの水を持ってきてくれたのである。

まだホテル評論をはじめる前なので、特別な扱いを受けていたわけではない。このＫさん、今では部署は違うが、当時はマネージャーでも何でもなく、まだ経験の浅い一スタッフだった。

入浴剤の話は、綿密なデータ管理で可能であるが、Kさんの話になると、ホテルマン個人の資質の問題ともいえる。自らホテルをオープンするなら、引き抜きたいホテルマンが全国各地にいる。

おもてなしとサービスは違う

一流ホテルといえば一流のサービスをイメージするが、サービスには合理性が含まれている。サービスマニュアルという言葉があるとおり、効率的な管理をし、利益をあげるためのツールとして、合理的にサービスは行われているという側面がある。

日本のホスピタリティの特徴は「おもてなしの心」だ。おもてなしは合理性ではなく「心の追求」である。お客様の心、そしてホテルマン自身の心の追求である。

仕事柄、たくさんのホテルマンとの出会いがある。良いホテルには良いスタッフがいる。ルールでも合理的なサービスでもない、ふとした時に自然と出る言葉や身のこなしにおもてなしの心はあらわれる。様々な体験を重ねるにつれ、おもてなしとはそういうことなのだとつくづく感じる。お客様に喜んでいただくことが、すなわちスタッフにとっての至上の喜びだということだ。

外国人に人気の日本のホテルランキングには、そのようなおもてなしで評価の高いホテルや旅館が常にランクインするが、日本流の心が外国人を引き付けていることの表れであろう。2020年東京オリンピックへ向けて、おもてなしの心を商売に利用しようという向きもあるが、その時点でそれはサービスに変容したのであり、おもてなしの心ではない。

たとえば、旅館の女将が手を振って宿泊客の見送りをしていたとしよう。女将は、ただただ純粋な感謝の気持ちだけで日々見送りをしていた。それはおもてなしの心である。しかし、女将の見送りが宿泊客に好評だから、スタッフ全員でやるようにしようと旅館の会議で決まった。その時点でサービスになるのである。

いらないサービス

友人知人らとの会話の中でホテルの話題になると、「荷物を部屋まで持ってきてくれるアレ、いらないよな」というように、ベルボーイに荷物を運ばれたり客室の中で案内されることが嫌だという意見が出ることが多い。ホテルの客室はプライベート空間であり、自分のテリトリーへ他人に踏み込まれたくないという気持ちの表れだろうか。

伝統的な旅館を思い出してみれば、仲居さんが客室に入ってきてお茶を淹れてくれたり、食事時間の確認やら世間話やらいろいろと〝気づかい〟をしてくれた。食事が終わって客室へ戻れば既に布団が敷かれ、至れり尽くせりではあるが、これまた「知らないうちに客室へ入られるから乱雑にはしておけないので気をつかう」といった否定的な意見を聞くことがある。ホテルのターンダウンサービス（スタッフが客室へ入り寝るための準備をしてくれる）も同様であろうか、時々そのような声を聞く。

旅館の話に戻るが、翌朝、朝食を済ませて客室へ戻ると布団が上げられていて「もっと寝たかったのに」という人もいる。旅館がお客様のために良かれと思いやっているサービスは、もちろん全ての人に受け入れられているわけでなく、そんなサービスはない方がいいというゲストも意外に多い。

特にゲストとの距離が近いと言われる旅館のサービスと利用者の思いに齟齬《そご》があるケースは多い。そもそも、高いお金を支払ってそんなサービスのある施設は利用しなければいいという話にもなるが、同行者との関係からそうはいかないシーンもある。

旅館はホテル以上にサービスやおもてなしの側面が強い世界であるが、近年人気の激安温泉旅館チェーンにおいてはサービスは限定的で、仲居さんがいないため布団敷きはセルフサービスである。温泉に入浴できて豪華でなくとも夕食が食べられればいいという、ホテルでいうところの宿泊特化型ならぬ「温泉特化型旅館」ともいえる形態が人気だ。仲間同士でワイワイ楽しく過ごせればいいというグループにとっては、自分たちのペースで過ごすのにもってこいである。

前述したホテルココ・グランに特徴的なサービスがある。ホテルの案内や有料放送はもちろん、貸し出し品からルームサービスまでテレビの画面上でリクエストできるのだ。無料貸し出し品目をザッと見ても、低反発枕、消臭スプレー、水枕に体温計、コンタクト保存液に携帯充電器からブルーレイディスクプレーヤーなど30品以上に及ぶ。

その種類や品数もそうであるが、リモコンのボタンひとつで客室へ届けられることに驚く。テレビ画面上で希望する物の有無が確認できるという利点は大きく、通常の高級ホテルのように、受話器を取り、担当部門を確認した上でボタンをプッシュして希望を伝え、在庫有無のコールバックを待つ、というストレスから解放される。そもそも人による内線応対があるということは、その分の人件費が宿泊料金に上乗せされているのである。

ホテルのサービス合戦により、溢れんばかりの数のサービスが享受できるようになった。

一方、その結果、ホテルにとっては今や利用者からサービスを拒否される時代である。ホテルサービスの限界とは、ホテルが提供できる内容の限界であると同時に、受ける側から拒否されるという意味での限界をも指し示しているのだ。

果たしてそのサービスは必要か？　使わないサービスにお金を払っていないか？　そのサービスにこの料金は妥当か？　これらの問いを、ホテルとその利用者の双方がもう一度熟慮し、最善の解を導き出すべきなのである。

第2章

宿泊特化型ホテルの台頭

1　ホテル業態の区分

看板ではわからぬが

ホテルを経営している会社がホテルの看板と同じとは限らない。ホテルの所有者と経営、現場の運営が分離されているのはよくあるケースだ。ホテルの所有者全てが必ずしもホテルを運営するプロというわけではない。ホテル経営、運営の様々な形態を把握しておくことはホテルを知る上での基礎となる。

ホテルの経営形態のパターンを見てみると、大きく以下の４つに分かれる。

・直営方式

帝国ホテルなど日系のデラックスホテルや、電鉄系ホテルなどで見られる形態。自ら土地建物を所有しホテルの運営も行う。資金力もホテル運営のノウハウも併せ持つからできる運営方式ともいえる。

・リース方式

全国チェーンの宿泊特化型ホテルなどで見られる形態。土地を所有するオーナーへホテル建設を持ちかけ、ホテルオーナーとなった所有者からホテルを長期間借り上げる方式。ホテル運営会社がホテル建設のノウハウも併せ持ち、建設会社を経営しているケースもある。少ない資金で多くのホテルをチェーン展開することができる。

・運営委託方式

国際的なチェーンホテルなどで見られる形態。ホテルを所有するオーナー会社が、運営に関しては専門のホテル運営会社へ委託する。運営ノウハウの提供を受けると同時にチェーンのブランドを使用でき、国際チェーンであれば宿泊ポイントを求めるゲストを世界中から迎えることができる。

・フランチャイズ方式

独立系の旧式ビジネスホテルなどで見られる形態。単独では宣伝力も限られるので、大手ホテルチェーンにフランチャイズ契約などで加盟し、運営ノウハウの提供を受けたり、チェ

図表1　運営方式

主な経営方式	物件の所有	ホテル経営	ホテル運営	ホテル運営指導／ノウハウ	ホテルブランド
直営	オーナー会社	オーナー会社	オーナー会社	オーナー会社	オーナー会社
リース	オーナー会社	運営会社（経営会社）	運営会社	運営会社	運営会社
運営委託	オーナー会社	オーナー会社（経営会社）	運営会社	運営会社	運営会社
フランチャイズ	オーナー会社	オーナー会社	オーナー会社	運営会社	オーナー会社

ーンブランド利用による集客を図るケースもある。

持たざる経営

スピーディーに多店舗の出店を展開する宿泊特化型ホテルでは、リース方式を採用しているチェーンが多い。長期間借り受けるという前提で、土地所有者などの不動産オーナーにホテル建設を持ちかけるのだ。所有者はホテルのオーナーとなって以後、経営・運営会社からホテルの賃料を受け取るという形となり、所有者と運営は分かれることになる。

例えば、宿泊特化型ホテル国内最大規模の「東横イン」や「ルートイン」は、この方式で急成長した。全国各地で東横インやルートインの大きな看板を目にし、もはやお馴染みになっている感がある。

かような方式で躍進を続けてきた宿泊特化型ホテルチェーンは多いが、２０１３年に入り、代表的な宿泊特化型チェーンの出店が頭打ちになっている。例えば東横インでは２００８年と２０１３年を比較すると、新規出店が27軒から１軒へ、ルートインでも同27軒が６軒へ、〝眠り〟に特化したチェーンとして人気のスーパーホテルでも同13軒から２軒と激減している。不動産オーナーのホテル投資への関心が低くなってきていることが理由ともいわれている。

そのような宿泊特化型ホテルチェーンが多い中で異色なのは「アパホテル」で、自社で建設し所有する店舗が多く、特に「アパ頂上戦略」と銘打った昨今の都心部への展開には目を見張るものがある。特に都心店舗で導入されているマットレスは、高品質を実感できる特筆すべきレベルのものであるし、円形のバスタブなどを見ても、狭いとはいえ宿泊者目線に立った客室となっている。このような展開は、やはり豊富な資金力のなせる業である。また、アパグループではマンション事業も展開しているが、都心マンションなどで区分所有者が、近隣のアパホテルを「マイホテル」として特別価格で利用できるといった新たな展開もしている。

リース方式という持たざる経営が、宿泊特化型ホテルチェーンの多店舗化に貢献してきたが、それは景気に左右されるという側面も大いにあるのだ。

一方、デラックスホテルやラグジュアリーホテルでは、運営委託方式を採用しているケースが多い。こちらもリース方式と同様に、所有者と経営・運営は分かれることになる。しかし、運営委託方式は、ホテル所有者が関連会社に経営をさせ、運営はノウハウやブランドを持った専門の会社が行うということで、ブランディングが重要な高級ホテルで多く見られる形態であることが、リース方式とは異なる点である。

デラックスホテルのような高級ホテルの中でも、所有と運営が同一な直営方式のホテルでは、ホテル物件を管理するための莫大な費用がかかるので、一般に営業の利益率は低くなるが、運営委託方式における運営受託会社は、まさに「持たざる経営」として所有するリスクを避けてホテル運営ができる魅力がある。

運営受託会社の得る報酬は、一般に「運営受託報酬」といわれるものだが、運営委託方式の委託期間は、短くて5年、長いと20年というケースもあり、安定した報酬を得ることができる。

料金による区分

現在では多様なホテルが登場してきており、単に「シティホテル」「ビジネスホテル」といった一般のイメージ区分には当てはまらない形態のホテルが増えている。

近年都心に進出している外資系を中心とした「超」がつく高級ホテル、例えば「コンラッド」や「マンダリンオリエンタル」などを、従来からシティホテルと呼ばれていた「京王プラザホテル」や「プリンスホテル」などと一緒に、「シティホテル」として同一区分で括っていいのかといえば疑問である。シティホテルはサービスも施設も多様化してきており、例えば「シティホテルの予約をしてくれ」と頼まれたらどのホテルを予約するだろうか。

ビジネスホテルでも同様のケースがあり、中には客室面積が広く設備も充実しているホテルも登場し、旧来のイメージとは一線を画すシティホテルとビジネスホテルの中間的位置付けのホテルも増えている。

前章で見たように、客室面積は限られているもののインターネットやドリンク、朝食などが無料、天然温泉大浴場やサウナまで備えるホテルまであり、料金が安く寝るだけの空間というだけで、ビジネスホテルと一括りにするのも疑問である。

また、宿泊予約方法の多様化により、正規料金と実勢料金がかけはなれているケースも多く、繁忙期と閑散期の価格差が大きな施設も見受けられる。ホテルが多様化する中、宿泊料金だけをホテル区分の基準にすることはできないが、価格帯で区分したバジェット、ミドル、ハイエンド、ラグジュアリーというカテゴリーが国際的には用いられることがある。最も低いバジェットから、最高級のラグジュアリーに向かって価格帯は上がる。

ラグジュアリーとは、主に2000年前後から東京や大阪へ進出した外資系ホテルが当てはまる。ハイエンドはそれに準ずるホテルといえる。ラグジュアリーには及ばないものの、ドアマンやベルボーイ、ルームサービスや各種レストランなどのフルサービスに加え多彩な付帯施設を備えるデラックスホテルが当てはまる。

一方、バジェットとは、宿泊特化型ホテルのことで海外ではインとも呼ばれる。客室は狭いものの清潔感や機能性を備えた最近流行の全国チェーンのホテルがその代名詞といえる。大規模なレストランや宴会施設などは持たず、宿泊特化型という通り「泊まること」に重点が置かれている。

それらの中間的位置付けであるミドルクラスは、いわば宿泊特化型ホテルにプラスαの価値が加わったホテルである。客室などに一工夫がなされたようなケースも多く、「コンセプトホテル」といわれるホテルもある。「旧態型」のシティホテルやビジネスホテルを、リブランドおよびリニューアルしてミドルクラスのコンセプトホテルに進化したケースもあれば、昨今の人気から、この区分での新たなオープンも増えている。

旧態型ホテル

ホテルの進化は凄まじい。このように新たなカテゴリーへ鞍替えしてオープンしたホテルや、上手くリニューアルしたホテルの他に、未だ、宿泊特化型やコンセプトホテルとして生まれ変わることができない昔ながらの大型ホテルがある。

かつて高級といわれた旧態型のシティホテルは、リニューアルしようにも施設が大きいために全体のイメージを変えることは難しく、清潔感や機能性、デザイン性の高い次世代のホテルへ既存の顧客を奪われる中、宿泊料金を大幅に値下げするようになった。これらは「(特化できなかった) 旧態型シティホテル」ともいえるであろう。やはり旧態型シティホテルと新しいラグジュアリーホテルや進化したデラックスホテルを、「シティホテル」という同じ区分で括ることはできない。

一方、旧態依然とした、機能性も清潔感にも乏しい昔ながらのビジネスホテルも残っている。こちらも新たに登場した宿泊特化型ホテルへ顧客を奪われる中、リニューアルなどを施

図表2　業態変遷図

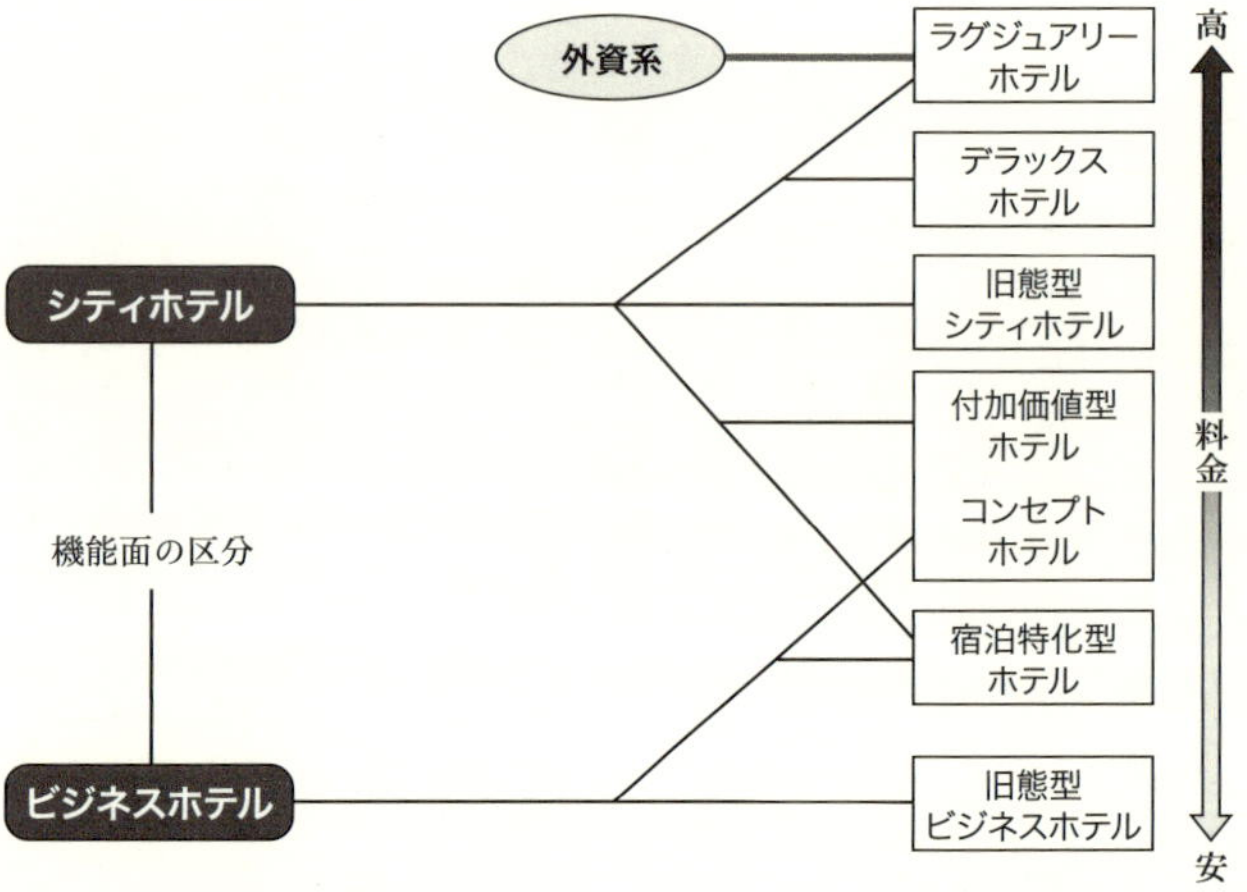

す資本力もなく、閉館するホテルが相次いでいる。

「(特化できなかった)旧態型ビジネスホテル」の実勢料金は、カプセルホテル並みにディスカウントしているケースも散見される。

このようなホテルは、新しい宿泊特化型ホテルチェーンに買収されるケースもある。

ノウハウを併せ持った宿泊特化型チェーンがリニューアルを施し、そのブランドで集客力が蘇るケースも多い。やはり旧態型ビジネスホテルと新しい宿泊特化型ホテルを、「ビジネスホテル」という同じ呼び方ではカテゴライズできない。

独自のカテゴリーで再分類

以上の「旧態型シティホテル」と「旧態型ビジネスホテル」という区分も含めて、閑散期平日の実勢料金の安い順に並べると、旧態型ビジネスホテル、宿泊特化型ホテル、コンセプトホテル、付加価値型ホテル、旧態型シティホテル、デラックスホテル、ラグジュアリーホテルと細分化できる。

ラグジュアリーやデラックスクラスのホテルは、正規料金約７万円〜４万円のところをラグジュアリーホテルで４万円程度、デラックスホテルの安いところでは１万円台後半〜２万円台にディスカウント。旧態型シティホテルは、正規料金約３万円のところを１万円台に、中にはミドルクラスのコンセプトホテルや宿泊特化型ホテルへ対抗するために数千円台にしているケースまである。

他方、コンセプトホテルや宿泊特化型ホテルは、同じ業態どうしの競争が激化し、正規料金１万円台前半を打ち出していたコンセプトホテルで１万円〜６０００円程度、バジェットやインといった位置づけの宿泊特化型ホテルは正規料金約８０００円〜６０００円が６０００円〜４０００円台にディスカウントされている。

旧態型ビジネスホテルは３０００円台、さらには３０００円以下と、カプセルホテルとの競合すら発生しそうな勢いである。昨今の清潔感、機能性を併せ持った進化系のカプセルホテルでは、旧態型ビジネスホテルの実勢価格を上回る例すらある。

さらに、閑散期の実勢宿泊料金に客室面積を加えてそれぞれのカテゴリーを整理してみる。

■ラグジュアリーホテル
超高級ホテル。ツインルームやダブルルームが中心で、スタンダードの客室面積が40㎡以上。実勢料金は2万円台後半〜3万円台が中心。

■デラックスホテル
高級ホテル。ツインルームやダブルルームが中心で、スタンダードの客室面積が20㎡後半〜30㎡台が中心。ラグジュアリーホテルに準ずるサービス。実勢料金は1万円台後半〜2万円台が中心。

■旧態型シティホテル
従前から都市部にある、料飲やバンケットなど宿泊以外にも多くの用途があるホテル。多機能だがラグジュアリーにも、コンセプトホテルや宿泊特化型ホテルにもシフトしていない大型ホテル。ツインルームやダブルルーム、シングルルームなど多様な客室があり、スタンダードの客室面積で20㎡〜。中には40㎡超と幅広い客室パターンがある。実勢料金５０００円〜２万円程度。

■付加価値型ホテル／コンセプトホテル

宿泊特化型にコンセプトや付加価値がつき、施設やインテリアなどが優れ、より快適に宿泊利用できるホテル。ツインルームやダブルルームもあるが、シングルルームを中心に展開する例も多い。スタンダードの客室面積で15㎡〜25㎡、実勢料金６０００円〜１万円程度。

■宿泊特化型ホテル

泊まることに特化した新しいホテル。客室面積は広いところでは15㎡といったケースもあるが、多くは９㎡〜12㎡程度。快適な宿泊滞在に必要なサービスが多く提供されているホテル。シングルルームが中心。実勢料金で４０００円〜６０００円程度。

■旧態型ビジネスホテル

旧式の宿泊特化型ホテル。リニューアルなどがなされておらず清潔感にも乏しい。客室面積は9㎡〜15㎡程度。シングルルームが中心。実勢料金3000円台。

ホテル業態には様々な区分が用いられているが、94ページの図は日本の一般のホテル利用者が実勢価格帯からホテルランクをイメージするために筆者が作成したものであり、本書ではホテルランクを表す際にこれら筆者による独自の区分を用いることにしたい。

2　話題沸騰！　宿泊特化型ホテル

宿泊特化型ホテルとは

近年、宿泊特化型と呼ばれるホテルチェーンの躍進が目立ち、ホテルチェーン間の競争が激化している。昔からのビジネスホテルが進化し、近代的な建物で清潔感や利便性も併せ持ち、利用客が心地よく寝泊まりできることを追求したホテルになっている。宿泊に特化しているので、基本的にはバンケット施設や、レストラン、バーなどの料飲施設を持たない。

宿泊特化型ホテルは1980年代から進出が目立ち始めた。今や国内最大規模の東横インやルートインといったチェーンだ。東横インは都市部駅前に特化、ルートインはその名の通り幹線道路沿いの出店に特化した。今や両チェーンは出張族に絶大な支持を受けている。幹線道路沿いが中心だったルートインは、現在都市部にも積極的に出店、大浴場があることや充実した無料朝食の効果もあり好評のホテルチェーンとなっている。

これらのホテルは正規料金で5000円台を打ち出してきたが、4000円台という驚きの宿泊料金で挑んできたのが1990年代以降積極出店を展開してきた、スーパーホテルやアパホテルである。立地や時期の繁閑によりもちろん変動はするが、概して低廉な料金設定となっている。また、両施設とも多くの店舗で大浴場を設けているのも特徴である。

さらに2000年代に入ると、コンセプトや付加価値を持ったホテルが目立ってきた。宿泊特化型からの派生と筆者は分析しているが、従前のホテルチェーンよりも客室を広めにとった「リッチモンドホテル」、さらに快適な眠りを追求した「レム」、女性をターゲットにした「東急ビズフォート」、天然温泉の大浴場やサウナなど充実した温浴施設を設けた「ドーミーイン」というように多様化が見られる。

また、鉄道会社が母体となる宿泊特化型ホテルも目立つようになった。駅と直結という立地は鉄道会社ならではである。

宿泊プラスαの「宿泊主体型ホテル」

付加価値型やコンセプト型は、もはや宿泊特化とはいえないほどの施設やサービスを擁するホテルが多く、低廉型大手チェーンとの棲み分けがなされてきたといえる。

これらは、かならずしも宿泊のみに特化しているわけではないということで「宿泊主体型ホテル」と呼ばれることがある。本書では宿泊特化型からの派生と捉えているが、宿泊に重きを置きつつも、それ以外の価値も提供しているところが特徴である。

また、宿泊理由や目的を調査すると、「低廉型」と「付加価値・コンセプト型」とでは、客層が明らかに異なることが分かる。便利で清潔に泊まれるだけで良いという客層と、それに加えて高級ホテルほどではないが快適性や癒しを求める客層とに完全に分かれるのだ。

低廉型が台頭してきた当初は驚きとともに迎えられ、清潔感や利便性が高ければ低廉でも構わないといった客層が多かった。しかし、そのサービス内容や店舗展開も出尽くした感がある昨今、新たなニーズを呼び起こそうと、付加価値やコンセプトをもった宿泊特化型ホテルが増えてきた。実際に、それらの客室稼働率は上々である。

低廉型、付加価値・コンセプト型ともに出張族が主なターゲットであることに違いはないが、料金については低廉型と比べて後者が１～３割ほど高くなっているため、予算に余裕のある出張族が主なターゲットである。また、会社規定の宿泊費に自身で加算して心地いい滞在を求める層や、女性を取り込むコンセプトホテルもある。

付加価値・コンセプト型の進出は、低廉型よりも後発であるが、低廉型ではカバーしきれていなかった潜在的な需要や、無機質なインテリアに抵抗感のある女性客、そして凋落の一途を辿る旧態型シティホテルからの客をうまく取り込んでいるといえる。

そうした時流に乗って、旧態型シティホテルが大幅にリニューアルしてコンセプトを打ち出し、料飲部門の縮小やフルサービスなどを廃して宿泊特化型へ舵を切る例も出てきた。一方、経営不振の旧態型シティホテルを買収し、宿泊特化のノウハウを注入、フルサービスも残しつつ料金や設備は宿泊特化型レベルといえる、お得感満載のホテルも誕生しているが、両者の境目は曖昧になってきている。

料金上限のラグジュアリーホテルと下限のバジェットホテルという二極化により、その中間層のホテルが新たなコンセプトを打ち出したり、買収やリブランドなどを経たりと、ミドルクラスホテルの戦国時代といえる状況も続いている。そのため、これまではバジェットホテルがお得感のあるホテルの代名詞となってきたが、ミドルクラスのホテルでもコストパフォーマンスや優れたコンセプトのホテルに出会える可能性は高い。

宿泊特化型とその派生の5パターン

筆者はこれら多様化する宿泊特化型と、そこからの派生といえるホテルの特徴を踏まえ、大きく5つに分類した。ただし同チェーンであっても、立地や客室、設定料金、その他の理由により多少の違いがあったり、あるいは1つのホテルが2つの特徴を有するようなケースもある。

①低廉型

都市部の駅近くに立地しつつ、概して低廉な料金設定のホテル。全国にチェーン展開するホテルが多く、近代的な建物で清潔感や利便性に優れている。特に宿泊予算が限られるビジネスユースには人気。

このカテゴリーのホテルチェーン間では競争が激しく、客室でのインターネット無料利用は当たり前、無料朝食の提供もスタンダードになりつつあり、充実した内容の無料朝食を提供しているチェーンもある。また、パブリックスペースにはプリンターやファックスなどが常設されているケースも多い。

《代表例》

東横イン

国内最大規模のチェーン。昔の駅前旅館のくつろぎがコンセプト。「１００円自販機」「アルコール類のコンビニ価格化」「金券の額面使用可能」「新聞の無料提供」など宿泊特化型ホテルサービスの先手を打ってきた。

アパホテル

旅館のおもてなしがコンセプト。露天風呂・サウナ完備の大浴場を擁する施設が多い。ワンランク上のアパヴィラホテルも展開。客室面積は他チェーンと比べ狭めだが、大型テレビ、デュベスタイルを採用した客室も多く好印象。

スーパーホテル

マットレスや枕が高品質。ロビーで枕を選ぶことができる。静音冷蔵庫の採用、部屋の入り口で靴が脱げるなど快適睡眠をとことん追求。大浴場を擁する施設も多い。無料朝食も人気。客室の施錠は暗証番号式で、鍵を返還する必要がない。

法華クラブ

宿泊特化型ホテルの先駆け。客室へのユニットバスを導入したチェーンとしても知られる。新しい施設ではデュベスタイルやフットスローを採用した客室も増え、スタイリッシュさも演出。大浴場を擁する施設も多い。

②ロードサイド型

都市部ではなく、高速道路のインターチェンジや幹線道路沿いに立地するホテル。特徴としては、スペースが大きくとられた無料駐車場を完備する。料金体系は、地方の立地が多いため、都市部の低廉型宿泊特化ホテル並みの料金設定が多い。

これまで地方には、温泉旅館やリゾートホテルなどの施設は多かったが、ビジネスマンが気軽に宿泊できる施設は乏しかったので、車で長距離移動するビジネスマンには大人気となっている。他方その料金の安さもあり、車を利用した家族旅行の客層にも人気を博している。ロードサイド型チェーンが、最近では都市部の駅前などへ進出し低廉型宿泊特化ホテルとなるケースもある。

《代表例》

旅籠屋

　アメリカのMOTELを手本にし、ロードサイド型ホテルチェーンを打ち出した宿泊特化型ホテル。高速道路のサービスエリアなどにも出店している。宿泊価格は4人1室で1万円程度と低めの設定で家族旅行にも人気となっている。

チサンイン

　ソラーレ ホテルズ アンド リゾーツが展開するロードサイド型のホテルチェーン。シンプルで気軽に利用できる形態が人気となっている。高速道路のインターチェンジ近くに立地するケースが多い。

ルートイン

国内最大規模のチェーン。特に高速道路のインターチェンジ近くに多い。大浴場がある場合も多い。充実の無料朝食は圧巻。近年は都市部に展開する例も増えている。

③鉄道会社母体型

鉄道会社が母体となって経営しているホテル。大都市部のターミナル駅周辺の出店が多いことが特徴。鉄道会社という強みを活かし、駅近くというよりも、駅直結の複合施設などに展開するホテルも多い。

ただし、アクセスに優れているため、低廉な宿泊特化型ホテルと比較すると宿泊料金は高めである。その知名度を活かし、鉄道利用とセットになった宿泊プランなどを打ち出しているケースもある。

またこのような鉄道会社系ホテルは、上位クラスのデラックスやミドルクラスのチェーンも持っていることが多く、その下位クラスのバジェット版として駅直結版を展開しているケースもある。さらに、最近では駅から離れているケースや、西日本の鉄道会社母体のホテルが関東へチェーン展開するケースなども増えている。

《代表例》

ホテルメッツ

ＪＲ東日本ホテルズ運営の宿泊特化型ホテル。駅ビル開発において駅と直結したホテルとしてオープンするなど、その立地に人気がある。また近年ではアール・メッツ宇都宮などコンセプトホテルの展開も見られる。

西鉄イン

西日本鉄道グループの西鉄ホテルズが運営する宿泊特化型ホテル。九州を中心に展開しているが、最近は東日本にも積極的に進出している。名鉄イン、静鉄ホテルプレジオ、富山地鉄ホテルなど鉄道系ホテルとの業務提携もしている。

ヴィアイン

ＪＲ西日本系列のジェイアール西日本デイリーサービスネットが運営する宿泊特化型ホテル。主に西日本での展開をしていたが、最近では東海地区や首都圏にも進出し、越境ともいえる展開をしている。

④コンセプト型

宿泊に特化しつつ、別のアプローチからもコンセプトを打ち出しているホテル。特に低廉型チェーンが出そろい、サービスレベルも均一化した後に出現したチェーンが多い。

低廉型のサービスレベルは踏まえつつ、ビジネス色を弱めたり、アロマ加湿器や美顔器、女性用アメニティを豊富に揃えた女性をターゲットにしたホテルや、照明を暗めに設定し、デスクは置かずに限られた客室に大きなベッドを設置した眠りに特化したホテルなどがある。料金は低廉型よりも多少高めとなっている。

《代表例》

レム

阪急阪神第一ホテルグループが展開する、客室は寝室という眠りをコンセプトにした宿泊特化型ホテル。エントランスやロビー、エレベーターに至るまで、照明などの演出は眠りへの導入を意識したものである。

東急ビズフォート

東急ホテルズが展開する女性を意識した宿泊特化型ホテル。女性に好まれるインテリアのゲストラウンジや女性専用フロアの設置、カフェスタイルの朝食など、女性の利用を重視したホテルとなっている。

⑤付加価値型

宿泊プラスαの施設やサービスを展開するホテル。充実した温泉大浴場の設置、広い客室面積の確保、大きめのデスクやチェア、クオリティの高いマットレスや寝具の提供など、テーマが「快適な宿泊」から「快適な滞在」へ進化したホテルである。

もちろん、ビジネスユースへの基本的なサービスは網羅しているので、宿泊予算に余裕があってホテルでくつろぎを求めるビジネスマンや、ホテルライフ自体を目的とする客層にも人気となっている。フルサービスや料飲、バンケット施設などを備えれば、デラックスホテルと遜色ないレベルのホテルもある。

《代表例》

ドーミーイン

共立メンテナンスの経営で「ホテスパ」を標榜する。その名の通り、サウナ付きの天然温泉大浴場を擁する施設が多い。客室にはミニキッチンを設置し、住む感覚を出しているものもある。寝具はデュベスタイルで、無料夜食「夜鳴きそば」が好評。

リッチモンドホテル

スタイリッシュで広い客室、大きめのデスクとチェアなど充実の設備。ビジネスでもプライベートでも利用価値が高い。幅広のベッドは高品質のマットレスにデュベスタイルが印象的。ワンランク上を実感できる。

ホテルモントレ

限りなくデラックスホテルに近いチェーン。料金も他のチェーンと比較して高めである。しかしフルサービスではなく、基本的にドアマンやベルボーイなどのサービスもない。チェーン各ホテルは世界各国のイメージをモチーフにしている。

3　宿泊特化型ゆえの問題

時代の要請

ホテルサービスとは、「ハード」「ソフト」「ヒューマン」からなるものである。その非日常感やホスピタリティを考えれば、ホテルは夢を売る場所ともいえる。したがって、ホテルを「宿泊施設」と定義付けするのでは不十分であろう。レストランをはじめとした高感度な施設やホテルマンの感動的なサービスが、ゲストの人生に潤いすらもたらすこともできるのが本来のホテルといえる。

他方、余計な施設やサービスは必要なく、泊まることさえできればそれで良いという需要も現実にはある。特にライフスタイルの変化により「個」が重視される現代では、ホテルにおいても人との関わりをなるべく避け、とにかくいち早く自分だけの空間を確保したいという需要は高く、「個」はホテルをはじめビジネスの重要なキーワードとなっている。

宿泊施設といえば、風前の灯火である寝台列車も宿泊施設であるが、当初は「開放型」といって、知らない者同士がカーテンの仕切り1枚で同じ空間を共有していた。やがて、航空

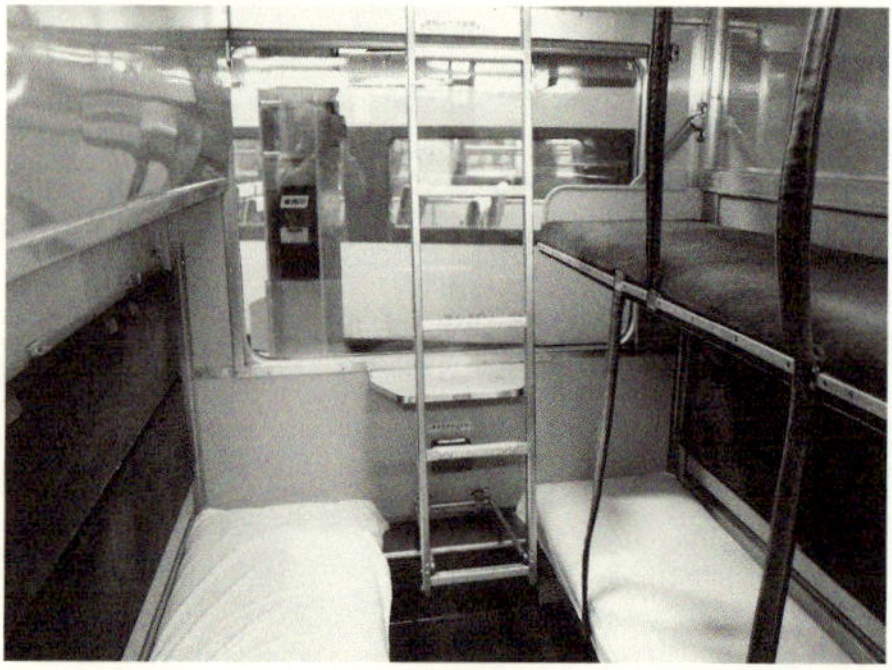

寝床をカーテンで仕切るだけの開放型寝台

路線の発達などもあって、寝台列車は次第に不人気となっていったが、その大きな理由として、前述した「プライバシー性の低さ」と老朽化による「清潔感のなさ」が挙げられる。シャワーすらなく、トイレは共同の和式という「宿泊施設」だったのである。

時代の要請に応えられなかった反省から、ＪＲでは「個室寝台」を設けた車両を走らせた。その形態は人気を博し、シャワー室まで設《しつら》える列車も増え、開放型寝台の列車はガラガラなのに個室寝台やシャワー室を備える列車は盛況、というケースが多く見られた。その個室はかなり狭いものであるが、狭くても個室であること、そして清潔感が重要なのだ。

「ハード」「ソフト」「ヒューマン」、そしてコミュニティ機能を備える施設を「ホテル」だとすれば、宿泊特化型は「ホテル」ではない。しかし、「個」を重要視する現代日本において、豪華な施設も人的サービスもない上、客室も広くはないが、安くて清潔感のある空間で

1人になれるということが受け入れられたことは、宿泊特化型ホテル躍進の理由のひとつともいえる。

とすれば、宿泊特化型ホテルは時代の要請に応えた形態であり、ある意味で今の日本を体現しているホテルともいえる。宿泊特化型ホテルは、今後もそうした需要に応えていくであろうが、その人気ゆえ、今でも雨後の筍のごとく増え、チェーン間の競争はますます激しくなってきている。

格安の宿泊料金ゆえに利益率や安定した客室稼働率は重要で、その実現のために差別化を狙った過剰なサービスや拙速な出店がもたらす弊害、さらには利益追求の果ての労働問題など様々な問題が表面化している。

一部屋でも多く

これまで繰り返してきたように、概して宿泊特化型ホテルは客室面積が限られる。大手チェーンでは9㎡から12㎡といったところだ。ただ、下限面積で展開するチェーンと、余裕を持たせるチェーンの約3㎡の差は大きい。チェーン間の特色、考え方が如実に表れるのがまた客室面積であるともいえよう。

できる限りゆとりを持たそうとする努力が見られるチェーンもあれば、法令の下限である9㎡まで極力狭くして客室数の確保を優先する大手チェーンもある。あるチェーンではスーツケースすら置けないというオンラインレビューも散見されるほどだ。

また、限られた客室面積ゆえ、そのフロアプランはどのチェーンも大差はない。客室の扉を開けるとまずユニットバスがあり、奥にベッド、向かいには小さなデスクが備えられ、その上にテレビがあるといったところで、それぞれの特色を見出すことは難しい。基本的に客室は寝る場所であり、くつろぎや滞在に主眼は置かないというのが宿泊特化型の発想である。

記憶を辿ってみると、身体障害者の駐車スペースを客室などに不正改造し、社会問題にまで発展した大手チェーンも思い出される。このチェーンでは、会員カード獲得へのノルマ問題や、東日本大震災の際、天災時の損害賠償は求めないと宿泊客に誓約書を書かせた問題など、マスコミに大きく報道された事件だけでも鮮烈な記憶として残る。

どれも利益追求の表れであるが、なりふり構わず1人でも多くの客と1部屋でも多くの客室を確保することが至上命題である宿泊特化型ホテルが生き残るための宿命か。

水流音やイビキが気になる客室

宿泊特化型チェーンを利用して気になることのひとつに「騒音」がある。上階または隣室のトイレの水流音やイビキが気になることも多い。筆者の経験からも騒音問題は深刻だと感じているが、チェーン間ではかなり差があるといえる。

全国展開している宿泊特化型ホテルは、リース方式の採用が多いことを本章のはじめで触れたが、その方式の利点は少ない資金でスピーディーな展開が可能であることだ。建設予定が決まれば１日でも早く建物を完成させることが重要だが、とにかくその出店スピードには目を見張るものがある。

新しいホテルほど進化している部分もあろうが、判で押したように同じ客室を大量に生み出すわけで、建設もパターン化されているはずだから、基本的には同チェーンであればいずこも同じクオリティだといえる。

建物の耐震偽装問題が社会問題化した時、大手宿泊特化ホテルチェーンの名前がマスコミを賑わせた。法令違反は論外だが、実際に泊まって騒音に遭遇しても「法令違反ではないし安いから仕方がない」と諦められるケースは多い。もちろん、我慢の限度を超える状況にも時として遭遇する。隣の客がどのような人物かという要素も大きいが、そんな時、宿泊特化型はホテルにしてはあまりにも「安普請」であることを実感する。

隣室の物音や水回りの騒音という問題は、シティホテルなどと比べて宿泊特化型ホテルの利用者から多く聞かれるものの、「安いから仕方ない」という声も多い。ホテルは宿泊施設であるから、居住性はもとより快適な睡眠のための環境は重要であるが、多くの利用者はそのような状況に遭遇しても「割り切っている」というのが実情のようだ。

会社を悩ますクオカード付きプラン

宿泊特化型チェーン間の熾烈な競争は、さまざまなサービスや宿泊プランを生み出した。ポイントカードは最早常識で、一定の宿泊実績での1泊無料サービスや、現金のキャッシュバックなども含めた多彩な宿泊プランも展開されている。

そうした中、最近問題視されている宿泊プランがある。ビジネス客の間で大人気となっている「クオカード付きプラン」である。

例えば、実勢料金で1泊5000円のホテルがあるとしよう。予約サイトを開いてみると、スタンダードのシングルルームが「1泊5000円」という宿泊プランがある中で、同じスタンダードシングルなのに「1泊1万円」のプランもある。同じクラスの客室なのに料金差は2倍。よく見ると、1万円のプランは「5000円分のクオカード」が付くという。

時々見かけるのは、これだけ割り引いているということをしめすために、敢えて正規料金のプランも並べて表示されているサイト。正規料金1万円のプランとともに、半額5000円にディスカウントしたプランも出し、利用客に「これは安い」と思わせるのだ。

ただ、こうしたクオカード付き1万円のような高いプランを積極的に利用する客がいるというのも事実である。なぜこのようなプランが流行るのかといえば、次のようなカラクリがある。

クオカード5000円分付きの「宿泊料金1万円」プランを利用した客は、「宿泊料金1万円」の領収証を受け取る。出張利用のビジネスマンであれば、これを経費として会社に提示することで1万円が支払われる。手元には5000円のクオカードが残り、カードは実際に使ってもいいし、金券ショップで換金もできるというわけだ。

このプランには、出張する社員を多く抱える会社の経理部門が頭を悩ませている。本来なら5000円の負担ですむところを、会社は5000円余分に支払うことになるからだ。しかし、元々会社で1万円まで宿泊料金を認めていれば、本来1万円レベルのホテルへ宿泊できるところ、その社員は5000円のホテルで我慢しているのだから、会社の実損はないといった考え方もできる。
かような状況下で、出張旅費規定を見直す会社も出てきているが、ホテル側も会社からのクレームを受け、５０００円に３０００円のクオカードを付けて「７５００円」といったような差額を少なくしたプランを出すところも現れている。お得意様であるビジネスユースの客をいかに取り込むかに各チェーンはしのぎを削る。

労働問題

多くの企業で労働問題は注目を集めているが、それはホテルも同様である。正社員を少なくして業務委託契約の形をとったり、非正規の従業員を積極的に採用するホテルも増えている。自社で雇用するのが本来の姿であったシティホテルでも、客室清掃作業などは完全委託しているケースも多いが、特に限定的な人的サービスが特徴の宿泊特化型ホテルでは、正社員ではなく非正規雇用の従業員がほとんどを占めるような大手チェーンもある。

労働法では、非正規の従業員でも一定の労働時間を上回れば、正社員と同様に社会保険や厚生年金保険への加入を義務づけている。ところが、全国に展開する高名な宿泊特化型ホテルチェーンで全く加入させていなかったという例もある。

また、業務への指揮命令や監督形態を見ると、勤務内容は従業員とほぼ同じだが、実は業務委託契約になっているチェーンもある。業務委託契約であれば、契約上は社員ではないので、前述した社会保険や厚生年金の保険料負担がない。当該法令の適用もなく、割増賃金の支払いや最低賃金、有給休暇の付与や解雇予告手続きなどの義務はない。

このように、宿泊特化型ホテルチェーンの現場で働く従業員の労働者としての立場は概して脆弱である。従業員の労働環境も、宿泊特化型ホテルが抱える問題のひとつである。

第3章

ホテルはコスパとコンセプトで選ぶ

1 高級ホテルの凋落

「ホテル」と「イン」

長年ホテル関連の仕事に携わった先達に学ぶ機会は多いが、最近よく聞くフレーズに「日本にはホテルがなくなった」というものがある。日本を代表するホテルジャーナリストである村上実氏も「最近流行の宿泊特化型のホテルは、国際的には〝イン〟であってホテルではない」と分析する。ホテルと呼ぶためには、相応のレストラン、バンケット施設、フィットネス施設などコミュニティ機能を兼ね備えなければならないというのだ。

また、村上氏は「そもそもホテルとは儲からない、利益率の低い業種であって、寝るだけの狭い客室を大量に押し込み高利益率を叩き出すスタイルの施設をホテルというのには違和感がある」と語る。確かに、宿泊特化型ホテルには「イン」と付けられたホテル名が多い。

とはいえ、カプセルの寝床を提供する施設にまで「ホテル」が付けられるように、日本ではホテル＝宿泊施設と一般には認識されている。本書は一般の方向けに、日本のホテルを対象として書いているので「ホテル」という表現を用いるが、もう一度「ホテル」の本来持つ意味についても我々は学ぶ必要があるのではないだろうか。

二極化から多極化へ

ここまで確認してきたように、しばらくホテル業界は二極化の状態にあった。まずは立地もサービスも全てが最上級の都心の超高級ホテルで、スタッフの質やサービスが素晴らしく、料金も高額という超のつくラグジュアリーホテル。他方、泊まること以外のほとんどのサービスを排除した宿泊料金の安い宿泊特化型ホテルで、全国にチェーン展開し駅前にも多く進出しているようなホテル。後者は多くの人に受け入れられ、チェーン全体でも好調な業績を維持。破竹の勢いで出店し、既存の旧態型シティ・ビジネスホテルの脅威となってきた。

しかし、宿泊特化型ホテルチェーンも顧客獲得競争により、サービスのアイディアは尽きて均一化してきた感があり、最近では通常のサービスにプラスαの付加価値を加えたホテルや、コンセプトホテルといわれる形態が人気になってきているのは前述の通りである。時代は二極化から多極化へ向かいつつある。

宿泊特化型のうち低廉型と付加価値型の差は、まず客室面積に表れる。前者ではシングルルームは9㎡～12㎡くらいだが、付加価値型になると15㎡～。広いところだと25㎡といったホテルもある。客室面積に余裕があるのでベッドはダブルサイズで、1人掛けソファにサイドテーブルなども配置され、くつろげる客室になっている。

さらにコンセプトホテルになると、例えば眠りを重視するホテルでは、寝具がハイクオリティで照明に気をつかっていたり、癒しを重視するホテルでは、充実した設備の大浴場やマッサージチェアを備えたりと、単に寝るだけではない、くつろぎの価値を提供している。

高級ホテルの大衆化

高い料金を支払えば、それだけ良いホテルを利用できるのは当然のことである。名のある高級ホテルに泊まって満足感を得ることが目的であれば、ひたすら高いお金を払えばその目的は達成される。

そもそも高級ホテルはかような客層を主たるゲストとして想定しているが、昨今は最高級といわれるラグジュアリーホテルといえども、その競争から実勢料金は大幅な値下げを余儀なくされている。その結果、ブライダルなど特別な日だけ利用するといった、普段は縁遠かった客層も日常的に高級ホテルを利用する機会は多くなった。「高級ホテルの大衆化」ともいうべき状況である。

料金の値下げをする際、高級ホテルが気にしているのが、ホテルの格が落ちる可能性があることだという。料金を下げれば利用者の客層は広がるが、格が下がるということか。しかし、様々なホテルが林立し競争が激化する中、高級ホテルといえども値下げは避けられず、高嶺の花だったラグジュアリーホテル、デラックスホテルの大衆化は進んでいる。

利用者個人の嗜好をよく分析したスタイルやサービスの展開がなされている中、価格破壊が進んで実勢料金には割安感があり「こんなに払ったのにこれは酷い」あるいは「これだけしか払ってないのにこんなにいい」など、今やホテル選びはコンセプトとコストパフォーマンスがポイントになっているともいえる。

旧態型シティホテルの時代錯誤

公私において様々なホテルサービスに触れる中、時々旧態型シティホテルで時代錯誤的なシーンに出会うことがある。特に、フロントやロビースタッフの動きにそれが表れることが多い。

伝統と格式があるといわれている某ホテルでの出来事。正月にチェックインを待つ客で長蛇の列ができる中、地元の名士がハイヤーで乗り付けると、コンシェルジュデスクの女性が突然飛び出てきて、揉み手に大声で「先生〜、あけましておめでとうございます〜」と駆け寄る場面を見た。旧態型シティホテルのダメな典型である。

また、予約した客室がオーバーブッキングなどで利用できず、その代わり無償でワンランク上の客室へアップグレードしてくれるといった場合も、普通は「ホテル側の都合でご予約とは異なる客室になってしまいましたが、少々広めの客室ですので……」などと言われるが、時々「してやった」的な態度のレセプションスタッフに出会うこともある。これも旧態型で多いというのは偶然だろうか。

宿泊特化型ホテルではスタッフサービスはそもそも割愛されているので比較対象外であるし、ラグジュアリーホテルなら理想的なサービスレベルのスタッフ率が高いところ、一方の旧態型シティホテルで疑問符の付く対応を受けることが大変多い。

実は旧態型シティホテルが狙い目

最近ではインターネットの予約サイトを利用するユーザーが急増したことにより、ホテル間の競争はさらに激しくなり、特に旧態型シティホテルで非常にお得感のあるプランを打ち出しているケースを多く見かける。

ラグジュアリーホテル、新しいコンセプトのホテル、宿泊特化型ホテルは、それぞれ客層を定めることで棲み分けているわけだが、どこにも特化できていない旧態型シティホテルは、レストランや宴会場など様々な施設を有し基本的にはフルサービスであるところ、宿泊特化型並みに料金を下げて利用者獲得に躍起になっているところも多い。

稼働率が好調な東京や大阪では高級ホテルの実勢料金は高騰しているが、特に札幌や福岡などの地方都市では、閑散期に正規料金の50％オフはあたりまえ、中には70％オフなどというプランもあり、宿泊特化型の料金を下回るケースもあるので目が離せない。寝るためだけではなく、ホテルで過ごすこと自体が目的となるホテルに安く泊まれることは理想である。旧態型シティホテルも、もとは最高級といわれたホテルだ。正規料金ではかなり高価なところ、70％オフともなれば射程圏内になる。

このようなホテルは、施設の充実度や客室のクオリティはもちろん、ゲストのリクエストには全て応えるという基本的な姿勢があるので、人的サービスにしても贅沢な気分を味わえる。また、施設の老朽化は目立つとはいえ、屋内プールやジム、大浴場やサウナなど、充実した設備を持ったホテルも多く、それらを宿泊者料金で利用できる場合が多い。

ホテルグレード間の競争が激しさを増す現在、まさに「格安」と呼べるホテルは増えてきている。そこでは単に宿泊料金の高い安いだけでなく、「この料金でこの満足感」がポイントになる。

旧態型シティホテル利用のチェックポイント

旧態型シティホテルのお得な泊まり方について、かつて高級といわれたゆえのポイントがある。それぞれのホテルでチェックポイントは変わってくるが、筆者がかようなホテルをリザーブする際には以下の点に注意している。

まず客室に無料インターネットが完備されているかという点。宿泊特化型ホテルは無料インターネットの完備率はほぼ100%だが、実は高級ホテルほど有料というところが多い。古くからの大規模な建物にインターネット回線を新設するイニシャルコストは、莫大なものになるはずだからだ。

ベッドについては、前述のように私はデュベスタイルを推奨しているが、旧態型シティホテルでは、未だスプレッドタイプであることが多い。ホテルのホームページで客室写真を注視して確認することにしている。

後はスリッパの種類。旧態型シティホテルのスリッパは、残念なことに昔ながらのビニールスリッパのところも多い。ホテル業界では、お持ち帰り可能なスリッパやウォッシャブルスリッパが流行である。お持ち帰りスリッパはパイル地で自分専用というところが心地いいし、ウォッシャブルスリッパはメッシュ素材で、消毒してから客室へ配備するものなので清潔感がある。その辺りのチェックも快適なホテルライフの上で重要である。

次に、付帯施設として安価なジムやサウナ、プールなどがあるかという点。利用料金は、高いところで５０００円、安いところでは１０００円程度。こちらも注意していれば滞在の楽しみが増える。

清潔感のあるパイル地のお持ち帰りスリッパ

旧態型シティホテルでは、ルームサービスを提供していることもよくある。しかし、そのメニューは、ホームページなどで公表されているケースは希なので、客室へ到着しないと種類や料金を確認できないことも多い。
最近では、宿泊特化のビジネスユースにも対応しようと、お弁当などをルームサービスとして提供しているホテルもある。ホテル内にいわゆる「名店」が併設されている場合、ルームサービスで有名レストランの料理やお弁当をゆっくりと客室で楽しめる。

概して価格の割に内容が充実している。

2　時代はコスパとコンセプトへ

異色のコンセプトルーム

コスパとともに、第2章でも触れた付加価値のあるコンセプトホテルにも注目だ。コンセプトホテルとは、新設やリニューアルなどにより、何らかのコンセプトを持たせたホテルのことである。コンセプトホテルは2000年前後から目立ちはじめ、さらに快適な眠りを提供する客室や、天然温泉を引いた大浴場などの温浴施設、女性客を意識したスタイリッシュな雰囲気、アートや自然、ロハスといった様々なコンセプトを持ったホテルが誕生し、人気を博してきた。

特にテーマパークや人気観光地にあるホテルでは、キャラクターデザインなどを施したコンセプトルームに力を入れている例も多く見られる。例えば2008年開業の東京ディズニーランドホテルなどが典型である。最近ではカプセルホテルまでも、飛行機のキャビンのイメージといったコンセプトを持ったものが出現している。キャラクターやアニメなどの世界をコンセプトにすることで、家族連れの集客が見込め、さらに長さにわたりリピーターとして利用してもらえるきっかけとなる可能性もある。

《コンセプトルームの例》

・秋葉原ワシントンホテル
　鉄道ルーム　クハネ１３０４（鉄道のジオラマを設置し客室の窓からは秋葉原〜神田間のレールビューが楽しめる）

・羽田エクセルホテル東急
　フライヤーズルーム（国際線ファーストクラスで使用されていたシートを設置し、座りながら滑走路と飛び交う飛行機を見ることができる）

・ハイランドリゾートホテル＆スパ
　ＥＶＡＮＧＥＬＩＯＮ：ＲＯＯＭ（ヱヴァンゲリヲン）、トーマスルーム（きかんしゃトーマス）

・白樺リゾート池の平ホテル
プリキュアルーム、仮面ライダールーム

コラボルーム

また、企業と提携した「コラボルーム」と呼ばれるものもある。コラボルームとは、企業が自社の商品をホテル客室へ供給し、その商品をテーマにしてつくられた客室である。話題性を狙うホテルの思惑と、消費者が商品に触れる機会をつくりたいという企業のニーズが結びついたものと言える。さらに企業側にとっては、ホテルとのコラボ企画は宣伝広告費用が抑えられるなどの利点も多い。料金は高額設定でも、しばしば満室になる。

《コラボルームの例》
・ロイヤルパークホテル ザ 汐留：インテリアショップやクリエイターとのコラボルーム
・横浜桜木町ワシントンホテル：通販のニッセンコラボルーム

ホテル業態が多様化した今、コンセプトなきホテルは生き残れないホテル戦国時代に突入したともいえるが、そのような状況で異色のコラボ・コンセプトルームはホテルによる苦肉のアイディアといった感もある。こうした客室は今後も誕生していくのだろうが、それはホテル内でのひとつの現象と捉えるべきだと考える。

　コンセプトルームやコラボルームなどは、ホテル内に1室〜せいぜい数室というケースが多く、利用者の競争率は激しい。特に繁忙期に予約することはかなり困難である。その上、客室料金が特別仕様ということで高額なこともあり、予約サイトなどには出ないケースも多い。

3　他業態の宿泊施設にも進化の波が

簡易宿所

　本書の主たる対象は、旅館業法でいうところの「ホテル営業」と「旅館営業」であるが、同法では「簡易宿所営業」という区分もある。簡易宿所とは、宿泊する場所を複数の人で共用する形態であり、その設備は旅館業法施行令で以下のように定められている。

・客室の延床面積は、33平方メートル以上であること。
・階層式寝台を有する場合には、上段と下段の間隔は、おおむね1メートル以上であること。
・適当な換気、採光、照明、防湿及び排水の設備を有すること。
・当該施設に近接して公衆浴場がある等入浴に支障をきたさないと認められる場合を除き、宿泊者の需要を満たすことができる規模の入浴設備を有すること。
・宿泊者の需要を満たすことができる適当な規模の洗面設備を有すること。
・適当な数の便所を有すること。
・その他都道府県が条例で定める構造設備の基準に適合すること。

同一空間に複数の「寝床」を設け、多人数で空間を共有する「カプセルホテル」や「ゲストハウス」は簡易宿所に該当するが、昨今のホテルの多様化においてそれら施設も独自の進化を遂げており、利用者に人気を博している。

女性ターゲットの進化系カプセルホテル

カプセルホテル業界で、「進化系カプセルホテル」ともいえる新たなコンセプトを打ち出した施設が出現している。一般のホテル業界でも、従来のイメージとは一線を画す新たなタイプのビジネスホテルが、機能的かつ清潔感のある宿泊特化型ホテルと、宿泊プラスαの付加価値を持たせたホテルに収斂《しゅうれん》しつつあることは既に述べたが、カプセルホテルにも同様の現象が起こっている。

カプセルホテルの常識を覆したファーストキャビン

清潔感の乏しい旧態型のカプセルホテルは男性専用といったケースが多いが、女性利用も想定した進化系カプセルホテルの代表格に「ファーストキャビン」がある。男性ゾーンと女性ゾーンを完全に分けたことで、女性にとって安心感と清潔感を提供するキャビン型カプセルホテルである。女性のニーズに応えるために豊富なアメニティが取り揃えられており、特にスキンケア系を充実させたことも女性支持者が増えた要因である。

そもそも都市部においては小規模ながら、女性利用者の潜在的なマーケットはあったが、女性専用の施設を設けるまでには至らなかった。男性と同等に仕事で活躍する女性が増えたことや、ＬＣＣや高速バス網などの発達により格安で安全かつ清潔に移動できる手段が増えたことで、若い女性が一人旅に出る機会も増加、交通手段とともに宿泊手段としても安価で清潔な進化系カプセルホテルが台頭してきているのである。

業界におけるカプセルホテルのシェアは２〜３％で、今後も大きな変化はないと思われる。進化系カプセルホテルの料金は低廉な宿泊特化型ホテルに肉薄してきており、料金設定では僅差の勝負が繰り広げられることになるだろう。

ゲストハウス

国内外のバックパッカーを主たる利用者として想定した「ゲストハウス」や「ホステル」とよばれる施設があり、格安航空（ＬＣＣ）など簡便で低廉な移動手段の拡大により近年増加傾向にある。男女別または混合の安価な相部屋（ドミトリー）からなる簡易宿泊所である（以下「ゲストハウス」と呼ぶ）。各自のベッドが設置された部屋を利用者どうしでシェアし、浴室やトイレは基本的に共同であるが、食堂やラウンジなどの共用スペースが充実している施設が多い。

ゲストハウスは、新たに作られるところもあれば、東京の山谷や大阪の西成などに古くからあった簡易宿泊施設をリニューアルし、イメージを一新してオープンする例もある。全国各地にゲストハウスはあるが主に東京と大阪、そして北海道、京都、沖縄といった観光地での展開が目立っている。

バックパッカーだけでなく安価な旅を求める外国人の一般観光客の利用も増えており、東京・大阪の大都市圏では、ビジネス利用や地方から出てくる就職活動目的の学生による利用も多くなっている。

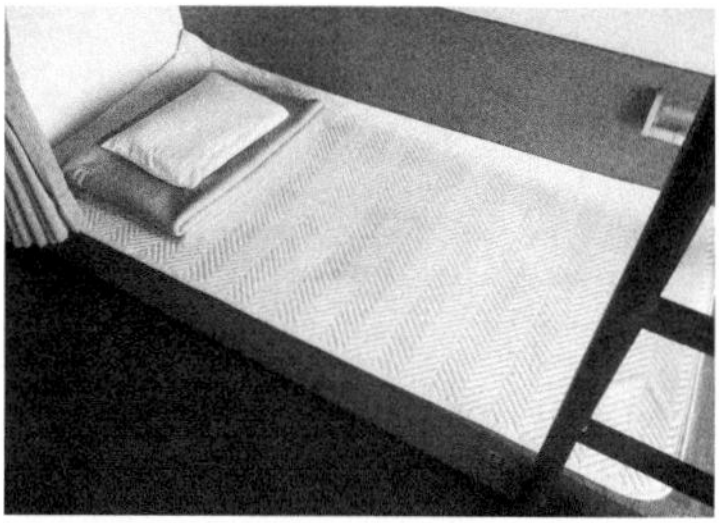
ゲストハウスの２段ベッド（下段）

個室を提供するホテルと比べて利用者どうしやスタッフとの人的な繋がりは強く、ガイドブックに載らない旅人どうしでの貴重な情報交換の場にもなり、旅先での思いがけない出会いが生まれるなどその人気は高まっている。また、年齢や国籍をこえて旅人どうしが繋がる「リアルソーシャルネットワーク」の役割も担っているといわれる。

そうしたオープンなイメージのゲストハウスと異なり、プライバシー性を重視しているのが前出のカプセルホテルともいえるが、ゲストハウスでも個室を利用できるケースがあり、プライバシーを確保した滞在も可能となっている。

「ジャパン・バックパッカーズ・リンク」(http://backpackers-link.com) の代表で、バックパッカー専用サイト「ゲストハウス・トゥデイ」(http://www.guesthousetoday.jp) 編集長としても情報発信をしている向井通浩氏は、「日本のゲストハウスは現在約４００軒と増加の一途を辿っているが、そもそもは海外でバックパッカーの旅をする日本人の若者が現地でゲストハウス文化に触れ、日本に持ち帰りオープンさせたのが日本でのゲストハウスの始まりだ。現在では単なる旅人向けの宿という範疇を超えて様々な発展を遂げている。有名観光地やインバウンドが望める地域のみならず、町興しやシャッター通り商店街の起爆剤としても期待され、積極的に空き家紹介などで支援する地方自治体も増えている」と、その社会的な影響力が高まってきていることに注目する。

そうした見知らぬ者どうしが同じ空間を共有するゲストハウスは不安だという向きもあるが、実はゲストどうしのトラブルはまずないという。向井氏は、「安宿といえども、日本の物価水準などからすると、日本のゲストハウスは世界的にみれば高品質の施設であり、もちろん自身の私物管理には気をつけないとならないが、概して安全な施設だ」という。

そのような進化するゲストハウスの中で、利用者の高い評価を得ている施設に、東京浅草の「カオサン東京歌舞伎」がある。何かサービス面での秘密があるかと思いきや特別なことはなく、「強いて言えば積極的にゲストと会話することを大切にしている」という。時には会話のできる共通言語がなくて苦心することもあるというが、挨拶だけでもゲストに喜ばれるそうだ。

カオサン東京歌舞伎の外観は外国人にも人気

ホテル以上にスタッフとゲストとの距離が近いゲストハウス。そこで提供されるサービスは、もはやホテルでいう「人的サービス」ではなく、「人間関係」ともいえるだろう。

進化系レジャーホテルの驚くべきアメニティ戦略

ホテルや簡易宿所は旅館業法の区分であるが、風俗営業法の区分となるホテルに「レジャーホテル」がある。いわゆる「ラブホテル」という業態だ。最近、一般のホテルでも「カップルプラン」「デイユース」プランなど、カップル需要をターゲットにしたプランが多く見られるが、本家のレジャーホテル業界としては危機感があるようで、筆者

レジャーホテルの豊富なアメニティ

にも業界誌からそれらの動向を分析する連載ページの依頼があり寄稿している。

そのような理由でレジャーホテルの取材もこなしているが、これまで注目してこなかった業態だけに新鮮な驚きがある。レジャーホテルもリニューアルができない旧態型と最新設備を導入した進化系に分かれており、旧態型は既に淘汰されつつあるところ、特に進化系の台頭が目覚ましい業態ともいえる。

開業には風俗営業上の許可を得る必要があるが、立地や形態などの制限も多く、一般のホテルとして届け出たものの実質は異なるという「偽装ラブホテル」問題も指摘されている。

また、一般の宿泊予約サイトで掲載されているホテルがレジャーホテルの専門サイトにも掲載されているケースや、レジャーホテルの専門サイトに掲載されつつロビーや飲食施設などのコミュニティ機能を併せ持つ施設もあり、「ホテル」か「レジャーホテル」かの差異は曖昧になってきている。

両者の違いは薄れてきているものの、やはり一般ホテルとレジャーホテルの最も異なる点は「人的サービス」の有無にあるといえよう。ホテルは「ハード」「ソフト」「ヒューマン」からなると先に述べたが、プライバシーの関係でゲストとの関わりが最小限なレジャーホテルには、コミニニティ機能はもちろん、人的サービスの「ヒューマン」が欠けている。その代わりハード面には目を見張るものがあり、建物や客室はもちろん、調度品への投資が突出している施設が大変多い。

また、アメニティが豊富に取り揃えられているところも注目に値する。レジャーホテルでは急な予定変更による突発的な利用も多いが、それに対応できる充実したアメニティは利用者にとってありがたいポイントだ。人的サービスを提供できない分、ハードやアメニティの面でアピールする業態ともいえる。

実際にレジャーホテルの利用者からは、「ここまでアメニティに気をつかっているとは驚き」と絶賛の声が多い。人的サービスを省く代わりに徹底したアメニティ戦略に出ることでゲストを満足させられるのであれば、それは意外に安い投資ともいえる。レジャーホテルの戦略に学ぶべきところは多い。

4　地方に驚くべきホテルが続々誕生

コスパ・コンセプトで選ぶ理由

快適なホテルライフを過ごす上で、何らかのコンセプトを持つホテルを選ぶということは重要である。

例えば、付帯施設にプールや温泉大浴場などを設けて癒しを重視するホテル、充実したレストランやルームサービスなどグルメに重点を置くホテル、ベッドや寝具、照明など快適な睡眠を追求するホテル、多チャンネルのビデオオンデマンドといったエンターテインメントを重視するホテルなど、ホテルライフ自体が旅の目的になるような施設も多い。そのようなホテルを利用できれば、充実した快適な旅が楽しめる。

やはり読者の皆様にはそれぞれ、信頼がおけて人生を共に歩めるようなお気に入りのホテルをもっていただきたい。お気に入りを見つけ、ホテルスタッフに愛される良き顧客として、スマートかつ快適にホテルを活用できることは、人生の喜びとさえ思うが、コンセプトはホテル選びにおける指標のひとつにもなる。

コスパは地方ホテルが優位

筆者はホテル評論家として、全国各地にあるコスパやコンセプトに優れたホテルを日々探し求めているが、「これだ！」というホテルは、意外にも地方で小規模展開するホテルチェーンが多い。

ホテル評価の方法は、企業秘密でもあるので詳述は避けるが、評価の公平性を担保するために、覆面宿泊取材の度に60項目のチェックリストを作成、総得点と料金から「コスパポイント」を導き出す。

これまで蓄積してきた１５００泊程度のデータからおおよその傾向が見えてくるが、平均すると３・０〜３・５ポイントといった感じになり、非常に問題の多いホテルで２・０〜２・５ポイント、他方、高得点では10軒に１軒ほどの割合で４・０を超えるホテルが出現する。ちなみに現在までの最高ポイントは５・２、最低ポイントは１・５である。４・０以上のホテルは推薦の対象となり、正式取材を経てメディアなどで紹介しているが、そうして選ばれるホテルは、都心部ではなく地方に多いのである。

評価の対象は、単純に施設とサービス、宿泊料金が基本であり、立地については最寄り駅からのアクセス程度を加味し、そこが都心か地方かという点は考慮しない。結果として、宿泊料金が概して高めの東京都心部ホテルの得点は低くなるケースが多くなる。

別章で低廉な宿泊特化型チェーンの中には4000円台というホテルもあることを述べたが、同じチェーンでも、最近全体的に宿泊料金が高騰している東京都心部では、1万円超えも珍しくない。同等の施設で東京都心と地方では3倍近い料金差のこともある。全国を評価対象にすると、どうしても料金の安い地方ホテルのポイントが高くなる傾向がある。

時代を先取りした充実度

とはいえ、実際に地方の小規模ホテルチェーンには、人気の全国チェーンのサービスを踏襲しつつ、秀逸なコンセプトを加味した素晴らしいところが多い。地価が安い上、建築条件や面積に余裕があるため、ハードやソフトにコストがかけられるからだ。

例えば、山陰地方を中心に展開する小規模チェーンの「グリーンホテルモーリス」。はじめて宿泊したのは10年近く前であるが、当初から大浴場などを設けており、宿泊特化型ホテルという言葉もまだ浸透する前の頃だったが、当時としてはその斬新なスタイルに感動した。客室面積も15㎡以上を標準にしており、ゆったりと滞在が楽しめる。

また、新潟県の上越新幹線燕三条駅前と、長野県の長野新幹線佐久平駅前に展開する「アクアホテル」というチェーンがある。今となっては散見されるが、はじめて宿泊したのは7年近く前でアクアホテル佐久平駅前だったが、当時から既に全室に電子レンジ、ウォッシャブルスリッパを採用し、最上階には大浴場、サウナ、露天風呂を擁し今のトレンドを先取りしているホテルであった。そしてなんと、これは今でも他のホテルでは見たことがないが、全室の浴室に窓を設けているのである。

広島市や山口市、福岡市にも展開する「ホテルアクティブ！」チェーンにも注目だ。実はこちらのチェーン、取材はＮＧなのだが、それは、実際ホテルへ来ていただいて感動してもらいたいということから、ホテル内部の公表は差し控えるという考えからだ。実際、大人気を博し宿泊予約は困難になっている。

また、九州地方で展開する「ホテルフォルツァ」にも注目だ。これまでは大分のみの出店だったが、客室のデザイン性が高く、デスクにアーロンチェアを採用するなど驚きの内容であった。２０１２年の暮れにはついに博多へ出店、「スマートホテル」をコンセプトに、宿泊にプラスαの付加価値を持たせた人気チェーンとなっている。２０１４年9月には長崎へも進出予定である。

驚異の宿泊稼働率

宿泊特化型ホテルは無料サービス合戦になっていることは既述したが、食事に関しては朝食のみ無料というのが通常だ。しかし、ほとんどの施設で夕食まで無料にしているホテルチェーンが、愛知県を中心に展開する「ＡＢホテル」チェーンである。東海道新幹線の三河安城駅周辺だけで3店舗を運営する。

取材する側にとって、これらホテルの特徴として「宿泊取材しようと思っても連日客室は満室」という現象がしばしば起こるのが、悩みの種となる。客室稼働率については公表されていないが、概して90％は超えているのではないかというくらいの印象である。

そして、第1章でも触れた「ホテルココ・グラン」チェーン。東京都内では上野と北千住に展開するが、高崎に同チェーンのフラッグシップとしてホテルココ・グラン高崎がオープンしたのは２０１２年8月。まさに衝撃であった。ポイントが5・0を超えたホテルは、過去数え切れないほどのホテル取材をしてきて初のことであった。

その価格帯は、同市の一般的な宿泊特化型ホテルよりも2～3割高くなっているが、それら別のチェーンからも固定ファンを獲得し、開業後の客室稼働率はグングン上昇、90％程度の客室稼働率を維持している驚異のホテルとなっている。ホテルココ・グランチェーンが全国地方都市へ展開すれば、１人勝ちホテルになることは想像に難くない。

いずれのホテルも近年人気を博してきた既存ホテルチェーンをよく研究し、足りないところを徹底追求、既存のホテルチェーンに飽きた客を取り込むなど、需要を喚起する努力をしてきた。長く地域の需要を牛耳ってきた既存ホテルにとっては、脅威になっている。

このように地方の小規模ホテルチェーンに学ぶべきところは多い。ホテル経営を考えている方がいらっしゃれば、これらのホテルを一度見学されることをおすすめしたい。

地産地消ホテル

果たしてその魅力の秘密は何なのかを突き止めるべく、ホテルココ・グラン高崎を設計した「株式会社プラスエフ建築設計室」の桑原義弘氏を訪ねた。

開業までの紆余曲折の経緯にも驚いたが、高崎駅前の再開発というレベルにとどまらず街中のオアシスとしての都市型リゾートを徹底追求した姿勢に熱き思いを感じた。

ホテルココ・グラン人気の秘密について桑原氏は、「地産地消ホテル」というキーワードで分析する。ハイセンスなホテルなのでその言葉に少し驚いたが、地元ならではの建築資材などを吟味して採用、調達コストも意外に安いのだという。地産ということで、輸送費なども安く抑えられるわけだ。

そもそも、近代的な鉄筋コンクリートの建築物に、水や木など「地産」の素材を取り込むことで「癒し」を演出する桑原氏のスタイルは、ホテルココ・グラン高崎で「地消」されている。そんな地産地消モデルは、結果としてホテル全体にゆとりを生み、宿泊者に癒しとして還元される。

ホテルココ・グラン高崎の成功で確信を得た桑原氏は、例えば「沖縄ホテル」「京都ホテル」のような地産地消ホテルを展開したいという。「どうして沖縄にバリ島の雰囲気を模したホテルじゃないといけないのか」。これぞ沖縄、といえるホテルがないとも嘆く。

良いハードは人をもつくる

ホテルココ・グラン高崎でこんな体験をした。夕食でカレーライスのルームサービスをはじめたというのでオーダーしてみたのである。ビジネスマンが簡単に夕食をとれるといった程度なので、もちろんルームサービス専門のスタッフはいない。フロントスタッフがルームサービスも兼務する。

通常、ホテルのルームサービスはワゴンで届けられ、「お食事がお済みになりましたら廊下へ出しておいて下さい」と言われる。食べ終わった食器をワゴンとともに廊下へ出しておけば回収してもらえるが、ここまでは当たり前である。

ところが、ホテルココ・グラン高崎でカレーを届けてくれたフロントの男性スタッフは「お食事がお済みになりましたら、折角の客室なのにおくつろぎの邪魔になりますので廊下へお出し下さい」と言ったのである。その気遣いの言葉にいたく感動した。

後で確認したところ、その彼はホテルココ・グラン高崎に勤める前は全く違う業界にいたという。ホテルサービスの経験は浅い。このホテルの雰囲気や素晴らしい客室が大好きで、折角の客室なのに食事の終わったワゴンがあってはと咄嗟に出た言葉だったという。

まさにこれが「おもてなしの心」である。つくられた、用意された言葉ではないと瞬時にわかったから感動したのだ。超高級ホテルの隙なきサービスからも多くの感動は生まれるが、このようなクラスのホテルでも、客側にまで気付きを与えてくれるようなおもてなしの心に出会えるのはありがたい。

このおもてなしの心、ホテルココ・グラン高崎のゆとりある癒しのハードがなければ生まれなかった。こちらのホテルスタッフは、開業間もなくのスモールホテルだったということで、経験の浅い応募者からの採用が多かったという。しかし、その建物同様に風通しの良い組織であることは一目見ればわかる。コンセプトの秀逸な良いハードは人をもつくるのだ。

5　シティホテルの新たな潮流

特化型シティホテル

本章ではシティホテルの凋落について書いてきた。シティホテルの問題点として、サービスやスタイルが旧態依然として変化の見られないホテルが多く、その大きな施設ゆえ、特定のコンセプトを打ち出すことができなかったことによる訴求力の弱さがあった。また、外資系ファンドなどが短期投資目的で運営するために、ホテルが育たなかったことも大きい。

10年来続くデフレ下で、東京の世界的地位の下落も危惧される中、新たな挑戦を試みるシティホテルがあらわれた。巨額の資金を投入し、特定のコンセプトを打ち出して既存のホテルを再生。その結果、利用者の需要を喚起し好調な業績を重ねている。シティホテルの新たな特化型ともいえる形態である。

ホテルインターコンチネンタル東京ベイの新たな船出

東京都港区の竹芝埠頭の袂《たもと》にそびえる「ホテルインターコンチネンタル東京ベイ」。その運営会社である「株式会社ホスピタリティ・ネットワーク」の全株式を、ハウスウェディングのトップ企業である「株式会社ベストブライダル」が取得したのは2011年1月のこと。

国際的チェーンでもあるインターコンチネンタルを冠するホテルを、ブライダル企業が経営・運営していくということで当時は大きなニュースとなった。当初筆者は、少子化による婚礼需要が減少する中でシティホテルを取得し、「ブライダル特化型ホテル」に変え、ブライダル業界で競争力を付ける目論見なのだろうと分析していた。

予想通り、2011年11月には婚礼施設の改装を終え、翌月にはロビーの改装も終えた。エントランスにあった暖炉を撤去し、代わりに洛中・洛外図の屏風を立て、これまたブライダルへの特化の表れだと感じたものだった。

ところがである。2012年12月には料飲施設を全面リニューアル。あの洛中・洛外図の左手にはスタイリッシュな空間、その名も「ニューヨークラウンジ」が誕生。これは日本的なブライダルのイメージとは異なる。というより、洛中・洛外図とのギャップが新鮮ですらあった。

さらに2013年4月には客室を改装。シティホテルが客室単価を下げる中、高単価フロアを増床、備品クオリティも向上させ、さらには「眠りのおもてなし」というテーマでベッドやリネン類も大胆にグレードアップした。

大きな勝負に出たともとれるが、実際の客室稼働率を見ると、2013年4月時点で前年比20%増の93・3%、高単価フロアであるエグゼクティブフロアは客室単価が5000〜6000円増、クラブインターコンチネンタルフロアについても8000円〜1万円増と好調である。

ホテルの素人だから再生できた

短期投資の対象というイメージもあったシティホテルという業態で、このような長期ビジョンに立った巨額の投資と再生が実現したことには大変興味を惹かれた。

その秘密を探るため、株式会社ベストブライダル／株式会社ホスピタリティ・ネットワークの代表取締役である塚田正由記氏へインタビューに出向いた。同氏はマスメディアへの露出が極めて少ないことでも知られていたが、筆者のような評論家を快く迎えていただきトップインタビューが叶った。

まず塚田氏は、「ホテル経営・運営の素人であるブライダル企業が手がけたことが再生の鍵」と語る。株式会社ベストブライダルは、ハウスウェディングというスタイルを手がけるが、まさにアットホームな雰囲気づくりといった、高品質のホスピタリティが求められるという。すなわち、新たなサービス提案を続けなければ生き残れない業態であると語る。それは常に新たな「価値創造」だという。

そんなベストブライダルが持つ独自の手法とポテンシャルは、旧態依然のホテルに新風を吹き込み、それまで勤めてきたホテルマンたちに新たな希望を与えた。

前述のように、様々な部門に分かれる大型ホテルの風通しは悪くなりがちだ。とかくホテルは部門別に分業化してしまうのである。ところが、ホテルインターコンチネンタル東京ベイでは、徹底してお客様目線に立つというハウスブライダル会社の価値観が部門を越えて従業員全体に植えつけられ、部門間の連携が自然に生まれていったのである。それは、「価値創造」といった言葉を用い、塚田氏が自分たちの目指すべき理想を明確に指し示した結果である。今ではどの部門のスタッフの口からも、「塚田社長の強いリーダーシップ」という言葉が必ず聞かれるほどだ。

実際、塚田氏にインタビューを試みて、氏のパワフルさに圧倒された。筆者の質問に対しても、間を置かずに明快な答えが返ってくる。社員はさぞかし心強いことだろう。

塚田氏へ、ホテル経営に大切なものは何かと質問した。筆者の率直な問いかけに氏は臆することもなく、「喜び、幸せ、夢」という言葉を何度も熱く繰り返した。そして少し考えた後、「社員のやりがい、収益」とも答えた。同ホテルでは、本来は上層部のみが把握している損益の数字を、全社員が見られるシステムになっているのだという。このような話は、他のシティホテルでは聞いたことがない。

また塚田氏は、「ブライダル特化型」と呼ばれることに全く抵抗がないという。実際、婚礼需要は増加し利用者に好評を博している。ブライダル企業のホスピタリティは、ホテル業界でも十分に通用したのである。

現在同社では、ストリングスホテル東京インターコンチネンタルの再生も手がけているという。どのように生まれ変わるのか大いに期待させられるところだ。

第4章

〝瀧澤流〟ホテル予約術&利用術

1　予約術

格安ホテル予約術

格安と激安は違う。単なる安さだけでなく、「この料金でこんなにおトクなサービス」といったコストパフォーマンスに優れていることが「格安」を意味する。ここでは、筆者が格安ホテルを探し、予約する際に気をつけている点をまとめてみたい。

現在では電話などで直接予約を入れるケースは少なくなり、割引率の高い宿泊プランが並ぶインターネットの予約サイトを利用するのが主流だ。

よくある「ホテルおまかせ激安プラン」は、狭い客室の場合も多いが、思いがけないグレードの客室に泊まれることもあるので必ずチェックしたい。

禁煙の客室を希望したが満室だった場合、喫煙の客室が消臭対応していて問題のないこともあるので、念のため消臭対応の有無を確認してみよう。

通常、予約サイトには正規料金よりも安価なプランが並ぶことが多いが、ホテルの公式ホームページにさらに安い料金で提示されていることもある。予約サイトで目星をつけたら、一度そのホテルのホームページで確認してみることもおすすめしたい。

第2章でも触れたが、予約サイトの利用で、ラグジュアリー区分のホテルでは下限が4万円前後、デラックスホテルになると1万円台後半、さらに旧態型シティホテルになると1万円台という例もあり、格安感で考えれば「高級ホテルを1万円で予約する」ことはひとつの指標になる。

ラグジュアリークラスでは1万円以下の予約はまず不可能であるが、デラックスクラスであれば、予約方法によっては1万円以下で思わぬホテルをリザーブできることもある。東京都心部や大阪の中心部は日常的に高レートだが、特に地方都市にあるデラックスホテルなら、閑散期の稼働率が低い日を狙えば格安リザーブができたりする。

例えば、マリオット系列でもあるルネッサンスサッポロホテルは、スタンダードルームで36㎡以上あり、浴室にはシャワーブースも備えられているが、ツインルームやダブルルームのシングルユースの最安値が6000円というプランを予約サイトで出していることがある。

また、都心部のデラックスホテルでいえば、ベストリザーブ(http://www.bestrsv.com/)の「ハイランクホテル」が大変参考になる。「シェラトン都ホテル東京」や「山の上ホテル」などのプランで、ツイン2名利用のルームチャージが1万円を下回っていたりすることもある。

閑散期、特に日曜日と平日の観光地にあるデラックスホテルにも注目だ。横浜のデラックスホテルなどが1万円以下で出されていることもあるし、繁忙期は予約が取れない地方のリゾートホテルなども、1泊2食付き1万円以下で出されているケースもある。その他、チェックインが遅い、チェックアウトが早いといった場合には、高級ホテルでも格安宿泊プランは多い。

また「グルーポン」や、高級ホテルに特化した予約サイト「一休」の共同購入クーポンなどの利用価値も高い。高級会員制リゾートホテルでは、会員宿泊券が手に入れば数千円で宿泊も可能であるし、会員権販売キャンペーンでの体験宿泊なら数千円というケースも多い。

さらに、開業記念やリブランド直後のホテルは格安キャンペーンを行うこともある。

注意すべきホテル

インターネット予約の利点は、ウェブ上で一度にたくさんのホテルを見比べることができることにある。ただし、利用にあたって注意すべき点がいくつかある。

まず、正規料金がやけに高く常にディスカウント率が大きいホテルには注意が必要だ。例えば、サイトで「高級ホテル」と区分され正規料金も相応に高いものの、常に大幅に割り引いた安価なプランを出しているようなホテルでは、名ばかりで実態が伴っていないことがよくある。「こんな高級なホテルが激安！」と、客寄せのためにカテゴリーや料金設定を利用していると思われる。

何度も述べてきたようにベッドメーキングについてはデュベスタイルをおすすめするが、サイトの客室写真ではデュベスタイルに見えたのに、実際入室すると白いベッドカバーが掛かっているだけだったというケースもあるので注意が必要だ。また、シングルルームであっても実際のベッドの大きさには注意したい。小さいシングルサイズもあれば、セミダブルサイズ、ダブルサイズを採用した部屋もある。

客室のインターネット環境は無料のところが多くなっているが、中には有料のホテルもある。リーズナブルな宿泊特化型ホテルでは無料が標準となっているが、デラックスホテルやラグジュアリークラスで有料というケースが意外に多いという逆転現象もある。

また、映画好きには人気の高い有料放送であるが、多くのところで１０００円のカードを購入して視聴する。しかし、同じ１０００円でも、ビデオ・オン・デマンドで数百のタイトルが用意されている場合もあれば、数チャンネルしか放映されていないこともある。カードを購入する前に確認が必要だ。

アクセスでいえば、駅徒歩1分とうたっていてもターミナル駅の場合には要注意。ひとつ隣の駅からの方が早く着くことがある。車利用の場合は、駐車場からエントランスまでの距離がポイント。大型ホテルではかなり歩く場合がある。また、複合施設に入っているホテルで多いのが、パブリックパーキングと共用になっているためにいつも満車という問題。

他方、陸の孤島ホテルにももちろん注意。都市部にあっても、駅から遠く周囲に何もないホテルでは、ホテル内で食事をせざるを得ない。そうしたところでは、往々にして飲食料金がやけに高かったりする。

また、一見便利そうな駅の真上のホテルは、やはり朝は電車の音や振動が気になることもある。また、風の強い日の高層ホテルは、ビル自体がきしみ客室にギシギシ音が響く場合もある。

そしてチェックインする時に注目したいのが、いわばホテルの顔であるフロントスタッフ。襟元や足元、名札が曲がっていないかなど見るべきポイントは多い。小さなことだが、おもてなしはここから始まっているのだ。

清掃スタッフでもホテルはわかる。業務委託されているケースが多いとはいえ、廊下を歩き回る足音がドタバタうるさかったり、スタッフどうしがお喋りしながら作業をしていたりすると、騒音として客室内にまで響くこともあり、そこにはホテルの格すらも表れる。

館内がなんとなく陰気臭いといった見た目の印象も重要だ。古いホテルのリニューアルは相次いでいるが、内装はキレイでも水道管までは交換できない。浴室が臭ったり、排水が逆流したりするケースもある。

2　利用術

あったらいい便利グッズ

特にはじめて泊まるホテルでは、どのような設備やアメニティが用意されているのかわからない。そこで、ここからは筆者が日頃ホテルに宿泊する際に携行しているグッズで、おそらく読者の方にも役立つと思われるものを紹介したい。

まず、スリッパである。私は別のホテルから持ち帰った「お持ち帰りスリッパ」をバッグに忍ばせている。これから泊まる客室に備えられているのは、繰り返し使うタイプのビニールスリッパの場合もある。自分専用のスリッパがあれば、精神的ストレスもなく気持ちよく使えるはずだ。また、お持ち帰りスリッパは、丈夫な素材やつくりになっているものが多く、1回使用しただけで捨てるのは忍びない。

次に入浴剤。夏にはクールタイプ、冬には柑橘系のタイプなど、季節に合わせた入浴剤を携行しておけば、リラックスバスタイムが楽しめるだろう。

リラックスといえば、部屋着も重要な要素。しかし、どんなものが用意されているかは分からないし、事前にわざわざ確認するのも面倒だ。私の場合、非日常度は低くなるものの、普段自宅で使用している部屋着を持参している。そのほうが、リラックス度は高く快適なホテルライフの一助になるのではと思う。また、洗濯物をまとめるランドリーバッグもあれば便利である。客室にも備えられているが、小さい場合や備えていないケースもある。

ビジネスユースでいえば、ノートパソコンや充電などで電源を多くつかうビジネスマンは二口以上のコンセントがあるとイザという時に役立つ。

ホテルのタブー&トリビア集

・客室の浴衣やスリッパでパブリックスペースへは行かない。
・タオルは持って帰らない（旅館の手ぬぐいとは違う）。

・「Don't Disturb」カードの出しっぱなしに注意。特に連泊の場合、何か事故でもあったのかと思われるし掃除をしてもらえない。
・ファミリーの場合、子供が客室で走り回ったりベッドでジャンプしたりしないように注意。予想以上に隣室や下層階に響く。子供がどうしても騒いでしまう場合は、事前にホテルへ相談して低層階にしてもらうなど相談。
・客室に高額なミニバーがある場合でも、市価の館内自販機も設置されていることがあるのでチェック。
・同じホテルでも旧館・新館で設備に差がある。別館である「アネックス館」にも注意。本館はハイクオリティでも質素な別館、あるいはその逆という例もある。
・客室指定の希望があれば事前に伝える。高層階、エレベーター近くは○×など。
・ファミリーの場合はコネクティングルームの活用。
・同じホテルでも客室の位置に注意。全く異なった景色になる場合がある（オーシャン／マウンテン／ガーデン／ハーバービュー）。
・ラグジュアリーホテルではチェックイン時に注意。荷物を持って歩くのが逆に目立つ場合も。車やタクシーでの到着が前提になっているホテルもある。

・コンビニが併設されているホテルは利便性が高い。
・客室のキーと電源が連動しているケースでコンセントもオフになってしまう場合がある。PC電源など注意。

ホテルライフは非日常。特に高級ホテルに宿泊する時は、遠慮なくスタッフへ希望を伝えてみよう。ホテルマンは、お客様の希望を叶えたいというサービス精神溢れる方ばかりである。

3 ホテル災害への自衛策

安全のためのチェックポイント

最後に、筆者がホテルに泊まる際、安全のためにチェックすることをまとめておきたい。

安価なホテルでも、流行の宿泊特化型ホテルでは統一した対策マニュアルが定められているので安全性への信頼性は高い。独立（自営）型で、特に一見して経年劣化が感じられるようなホテルの場合、防災対策なども旧式のケースが多く、自己責任で事前に確認する必要も出てくる。

到着後はまず、車の利用はなくとも駐車場位置をチェックしておく。緊急時の避難場所になる。特に規模の小さなホテルの場合、屋外駐車場の場所がわかりにくいケースが多い。

次に、パブリックスペースでは調度品や内装・じゅうたんの損傷などをチェック。修繕する余裕がない場合は防災まで十分なケアができていないケースがある。

客室ではカーテンや内装材の防災マークなどをチェック。また、窓が開閉できるか、全館空調で窓の開閉ができない場合でも外気の取り入れ口があるかチェック。

防災用の非常水を各部屋に常備しているようなホテルチェーンもあるので要確認（ドーミーインなど）。

快適なホテルライフの追求が安全対策につながる

ホテルでの宿泊は非日常とくつろぎが目的になることが多いので、安全面にまで気を配ることはなかなか難しいかもしれない。ただ、やはり利用者側にも最低限の安全に対する意識は必要であり、筆者の場合、そのために何か具体的なことをやっているというよりは、ホテルライフを充実させるために行っていることが結果的に自衛策になっていることが多い。

・禁煙で眺望のある部屋をリクエスト

まず、予約の時点で「禁煙・眺望のある客室を希望」と伝えるようにしている。特に、都市部の安価なホテルは周囲をビルに囲まれているケースが多く、客室の窓からは眺望がなかったり、限られていることがよくある。眺望のある客室のアサインを希望すれば、開放感が生まれるだけでなく、避難対策にもなる。ただし高層階は、いざという時の避難が困難になる場合もある。

・リクエストへの対応を見る

客室に入ったら、不足品やその他の希望など、フロントスタッフへ内線電話で伝えることがあると思う。実際、リクエストに応えてもらうという効果もあるが、スタッフが電話に出るまでのコール数やリクエストへの対応などから、ホテルの災害時の対応力が予想できるという意味もある。

・タオルを多めにもらう

フロントスタッフへ電話する際には、ついでにタオルを多めにリクエストしておく。何かと実用的なのはもちろん、万が一火災が起こった時、タオルを濡らして消火したり、また、有毒ガスを避けるなどの自衛策になる。使用しなければそのままにしておけば問題ない。

・部屋にあるフロア見取り図をチェック

チェックイン後に自分の部屋から避難口までを目で確認するのは常識であるが、客室の扉に貼ってあるフロア見取り図で避難口までの最短距離をイメージとして頭に入れておくことも有用。私の場合、大げさな意味でなくとも見取り図をチェックするのが癖になっている。これはホテル評論という仕事上のこともあるが、フロア全体の見取り図から自分の部屋が他の部屋と比べて広いのか狭いのか確認したいからだ。

・乾燥対策が防火につながる

客室の空気の乾燥は喉を痛めることにもなるので、空気が乾燥しているときは浴槽にお湯をはったあとに浴室の扉を開放しておく。結果として防火対策にもなる。ただし、浴室扉を開放してのシャワーや浴槽の使用は、火災報知器の誤作動の原因にもなるので注意。

・その他の自衛策

前にも述べたが、普段着慣れない浴衣や客室着は疲れるので、日常的に自宅で着慣れている部屋着を持参するようにしている。そして、気軽に外出できるように履き慣れた靴も客室では出しておく。また、ミネラルウォーターはいつも3本ほど買っておくことにしている。

これらは結果的に、災害時の避難対策になる。

特集① 人気宿泊特化型ホテルチェーン徹底比較

1 はじめに

ホテル業界の中でも、宿泊特化型ホテル、とりわけ低廉型チェーンの躍進が目立ち、チェーン間の競争が激化しているが、果たしてその実力は如何に。出張で利用価値の高い低廉型ホテルチェーンの中から、東横イン、アパホテル、コンフォートホテル、スーパーホテルの人気4大チェーンの実力を、筆者の宿泊記録から検証した。

なお、ここでは各チェーンの代表的なスタイルの施設についてその特色を述べており、記述に該当しない店舗もある。

すでに述べたものは重複になるが、整理するためにそれぞれのホテルの特徴を簡単に述べる。

東横イン
昔の駅前旅館のくつろぎをコンセプトに、近代的な合理性と利便性を加え「100円自販機」「アルコール類のコンビニ価格化」「金券の額面使用可能」「新聞の無料提供」などサービスの先手を打ってきた。

アパホテル
旅館のおもてなしがコンセプト。露天風呂・サウナ完備の大浴場を擁する施設が多い。ワンランク上のアパヴィラホテルも展開。デュベスタイルを採用した客室も多く好印象。

コンフォートホテル
広めでスタイリッシュな客室。デスクも広め。幅広ベッドはデュベスタイルへの移行も進んでいる。ロビー横のウェルカムコーヒーや充実の無料朝食は評価が高い。快適性と機能性を兼ね備えたホテル。

スーパーホテル
マットレスや枕が高品質。ロビーで枕を選ぶことができ、静音冷蔵庫の採用、部屋の入り口で靴が脱げるなど快適睡眠をとことん追求。大浴場を擁する施設も多い。無料朝食も人気。

2　覆面調査

各ホテルとも無料ネット、液晶テレビ、温水便座などを完備、機能的で清潔感のあるところは大差ないが、実際に宿泊して特に気が付くことの多かった以下の5つのポイントについて述べたい。

ベッドをはじめ寝具も大きなポイント

ポイント①　寝具

あまり気にならない方もおられるであろうが、デュベスタイルか否かは快適性はもちろん、客室のイメージも左右するポイントである。調査したホテルでは、アパホテルとコンフォートホテルはデュベスタイルであった。アパホテルは概して客室は狭いが、他のチエーンに先駆けてデュベスタイルを導入し、その効果で客室に開放感をもたらしている。

清潔感のあるウォッシャブルスリッパ

デュベスタイルを採用しない東横インでは、掛け布団自体の材質がポリエステルでツルツルし、その下に挟まるシーツとの摩擦が弱く、寝返りなどをすると掛け布団がすべってしまうという難点がある。

他方、スーパーホテルは〝眠り〟に力を入れているだけあって、デュベスタイルではないものの、低反発マットレス、ロビーで選べる枕などこだわりを持つ。掛け布団の裏面も摩擦があり、寝返りをうってもずれなかった。客室に常備されている枕は、最初は硬い印象だったが馴染んでくると心地いい感覚になった。

ポイント②　スリッパ

ホテルのスリッパは、シティホテルなどでは標準の「お持ち帰りスリッパ」、クリーニングして再利用する「ウォッシャブルスリッパ」、その他「ビニールスリッパ」と大別できるが、今回調査のホテルはいずれもお持ち帰りスリッパではなかった。

ウォッシャブルスリッパは、コンフォートホテルと東横インで採用。清潔感があり好印象であった。アパホテル、スーパーホテルはビニールスリッパだったが、アパホテルは紙製の下敷きが付属していた。スーパーホテルは客室入り口で靴を脱ぐので、客室でのスリッパはさほどポイントではないと感じた。

ポイント③　仕事環境

多忙なビジネスマンにとって客室の仕事環境も重要なポイント。実際にデスクで作業をしながらチェックしてみた。

テレビや冷蔵庫にも手が届く機能的なデスク回り

スーパーホテルが好印象。デスクもチェアも、ビジネスユースとしての使用に十分堪えるサイズと機能性だった。コンフォートホテルと東横インがそれに準じるが、アパホテルのデスクはノートパソコンを置くのもギリギリの面積だった。

ポイント④　無料朝食

無料朝食を提供しているホテルは、東横イン、コンフォートホテ

簡素なものでも無料朝食は嬉しい

大浴場やサウナは疲れを癒す効果が高い

ル、スーパーホテルである。

コンフォートホテルが抜きん出ており、稲荷寿司も含めた数種類のおにぎり、十数種類と豊富なパン、スープも2種類などメニューが充実。朝食会場も窓が大きくとられ明るい雰囲気。これで無料とは満足度が高い。東横インは、おにぎり、漬け物、味噌汁等の最低限の品数であるが、朝食会場は広々としており明るい雰囲気。スーパーホテルは他のホテルと異なりご飯は炊飯器で提供される。漬け物、サラダの他にミートボール、スクランブルエッグなどバイキング形式がうれしい。ただし、朝食会場は手狭で暗い雰囲気。

ポイント⑤　湯ったり度

浴室の充実度を表す私の造語である。概して客室の浴槽は狭いが、大浴場を設けているケースもある。アパホテルとスーパーホテルは大浴場を併設。特にアパホテルは、サウナや水風呂、露天風呂など充実した施設を有する。

3　あのホテルのここが○ここは×

東横インのここが○

無料朝食、１００円自販機、ミネラルウォーター、アイスベンダー

東横インのここは×

隣室の水流音

アパホテルのここが○

デュベスタイルの寝具、サウナ・露天風呂付き大浴場

アパホテルのここは×

狭い客室

コンフォートホテルのここが○

無料朝食の充実度、客室面積

コンフォートホテルのここは×
無機質な青白い蛍光灯照明

スーパーホテルのここが○
寝具、炭酸泉大浴場、無料朝食、キーレス（暗証番号式）

スーパーホテルのここは×
客室が暗い、有料アメニティ

4　項目別ランキング

筆者の計60に及ぶ調査項目を分類してつくった指標で、それぞれのホテルの評価を高い順にA〜Eで示すと以下の通り。

★**客室快適度**（客室の広さ、清潔感、経年劣化、全体のメンテナンス、清掃レベル、部屋の機能性、窓、換気、加湿・空気清浄機、スリッパ、有料放送の種類、ズボンプレッサー有無）

東横イン　C
アパホテル　B
コンフォートホテル　A
スーパーホテル　B

★**朝食充実度**（無料朝食の内容、質）

東横イン　D
アパホテル　—
コンフォートホテル　A
スーパーホテル　B

★仕事のしやすさ（イスの座りやすさや大きさ、デスクの広さ、コンセントの数、ロビーのパソコン、ファックス、プリンターの有無、客室LANケーブルの有無）

東横イン　C
アパホテル　D
コンフォートホテル　B
スーパーホテル　B

★快適睡眠度（ベッドの大きさ、マットレスの質、シーツの質、デュベスタイルか否か、ベッドメーキングの丁寧さ）

東横イン　D
アパホテル　B
コンフォートホテル　B
スーパーホテル　C

★湯ったり度（大浴場の有無、大浴場の質、アメニティ、シャンプー・リンス、バスタブのサイズ、お湯の出やすさ、バスタオルの質）

東横イン　D

アパホテル　A（大浴場あり）

コンフォートホテル　D

スーパーホテル　B（大浴場あり）

★サービス充実度（無料飲料、自販機価格、新聞の数）

東横イン　A

アパホテル　C

コンフォートホテル　B

スーパーホテル　C

総合ランキング

1位　コンフォートホテル

2位　スーパーホテル
3位　アパホテル
4位　東横イン

高い評価の多かったコンフォートホテルとスーパーホテルが、僅差で1位と2位を占めた。

アパホテルは、無料朝食がないことやデスク面積などで低評価だったために伸び悩んだ。

特集② 全国のコスパとコンセプトに優れたホテル20選

※記載料金は取材時の閑散期実勢料金／他の記載も取材時の情報

ルネッサンスサッポロホテル（デラックスクラス／札幌市豊平区）

ルネッサンスサッポロホテルの豪華なロビー

札幌は公私にわたり頻繁に訪れる場所で、市内中心部の代表的ホテルにはほぼ宿泊している。その中で私のオススメは、ルネッサンスサッポロホテルである。

マリオットブランドでもあるこのホテルは、市中心部から国道36号線で豊平川を渡った川岸に佇み、リバービューの眺望が抜群な立地だ。館内は充実した設備が整っているが、何より最低でも36㎡と贅沢にとられた客室面積、落ち着いた色彩と上質なディテールの内装、そして質感のいい家具と何とも贅沢である。

浴室にシャワーブースを標準装備するホテルは札幌では珍しく、浴室面積も申し分なし。ベッドはデュベスタイルで、リネン類やマットレスも上質な感覚である。この条件で実勢料金が８０００円程度とあってはかなりのハイコスパである。

ホテルココ・グラン高崎（ミドルクラス／群馬県高崎市）

ホテルココ・グラン高崎は、コンビニなどのデザートで有名なドンレミー（木本製菓）のホテル事業部が運営。これまで上野と北千住にホテル　ココ・グランはあったが、ココ・グラン高崎は、２０１２年8月にココ・グランのエッセンスを詰め込みオープン。まさに、ココ・グラングループのフラッグシップホテルともいえる、「癒し」と「都市型リゾート」をコンセプトにしたホテル。なんと全室に高級マッサージチェアを備え、上階には行き交う新幹線を眺められる露天風呂のある温浴施設を配するなど、都市型リゾートにしてリラクゼーションもコンセプトにする。

全室にマッサージチェアがあるホテルココ・グラン高崎の客室

また、レストラン　ココシエールの朝食ブッフェも秀逸。最近では夜食のルームサービスも提供している。高級ホテルにも引けをとらない施設やサービスにして料金はビジネスホテル並みと、コストパフォーマンスは相当高い。

ラディソンホテル成田（デラックスクラス／千葉県成田市）

日本で唯一カールソン・ホテルズ・ワールドワイドチェーンの「ラディソン」を冠するラディソンホテル成田。現在は外資系航空会社による運営で、航空会社のクルーも多く利用するので、ホテル内は外国人が多く海外のリゾートにいる気分にもなれる。

成田空港から近い都市部の立地とはいえ、東京ドームの2・5倍もある広大な敷地に、庭園をモチーフとして屋内外プールも完備し、都市型リゾートというには贅沢な施設環境である。

広大な敷地でリゾート感溢れるラディソンホテル成田

成田空港周辺で敷地が広大なロケーションに優れるホテルはいくつかあるが、付帯施設やその規模、スタンダードツインRCで1万円程度という実勢宿泊料金、何よりも都市型リゾートという点を考慮すると、ラディソンホテル成田はコスパ＆コンセプトに優れたホテルと言える。

ホテル ザ・マンハッタン（デラックスクラス／千葉市美浜区）

高層ビルが建ち並ぶ、千葉市の幕張新都心にあるスモールラグジュアリーホテルが、ホテル ザ・マンハッタンである。コンベンション施設などもある場所柄、周囲には多客室で団体客を積極的に受けいれる大型ホテルが多い中、スタイリッシュなスモールラグジュアリーホテルは貴重である。

ハイクオリティな調度品に囲まれたホテル ザ・マンハッタンの客室

幕張新都心ということから近未来的なイメージを抱くが、ホテルへ一歩足を踏み入れるとそこは異空間。１９２０年代のアールデコ様式で統一された雰囲気に圧倒される。古き良きアメリカ映画のシーンに入り込んだような雰囲気だが、決して古さはなくむしろ斬新な発想だ。

料飲施設のレベルも高く、女性向けのプランなども積極的に打ち出す。スモールラグジュアリーゆえのスタッフのホスピタリティは折り紙付きで、おもてなしを受けていることを心底実感できるホテルである。

シェラトン都ホテル東京のモダンな外観

シェラトン都ホテル東京（デラックスクラス／東京都港区）

都心に目を向ければ、約１８００坪６０００㎡の広大で野趣あふれる日本庭園を有し、大変贅沢な環境のシェラトン都ホテル東京を推挙したい。都心でこれだけの面積を持つ独立系建物のデラックスホテルは貴重だ。日本の伝統と西洋の機能性が調和した館内は、落ち着いた雰囲気とともにゲストを迎えてくれる。客室はスタンダードで30㎡以上、ベッドは極上の寝心地。

都市型リゾートとしての付帯施設でいえば、都ヘルスクラブがオススメ。プール、ジム、サウナを利用できて宿泊者利用料金は１６００円。デラックスホテルのこうした施設は３０００円～なので、非常にお得感がある。

静かにボサノヴァが流れる落ち着いた雰囲気のロビーラウンジは、まさに都心のリゾート。実勢宿泊料金も安いプランがあり、利用価値は高い。

ロイヤルパークホテル ザ 汐留（デラックスクラス／東京都港区）

フロントがある24階へ降り立ち、レセプションから何気なく振り返ると、バーラウンジを隔てたガラス張りの向こうに都内を見渡せる眺めが素晴らしい、ロイヤルパークホテル ザ 汐留。２０１３年8月から、著名デザイナーや有名インテリアショップとのコラボによるコンセプトルームが26階に続々と誕生し、「ホテルライフスタイル アーケード」という名の特別フロアとして生まれ変わった。コンセプトルームをここまで充実させているホテルは極めて稀だ。

英国発のホームファニシングブランド「ザ・コンランショップ」コーディネートによる非日常の楽しさを表現した「Ｐｌａｙ」をコンセプトにしたものや、「ＩＤＣ大塚家具」がインテリアを手がける「隠れ家的ＳＯＨＯ ＳＴＹＬＥ」をコンセプトにした客室などを展開。個性的なコラボルームが次々に登場し、ますます目が離せない。

ロイヤルパークホテル ザ 汐留の隠れ家的 SOHO STYLE の客室

眠りのおもてなしもテーマにするホテル インターコンチネンタル 東京ベイの客室

ホテル インターコンチネンタル 東京ベイ（デラックスクラス／東京都港区）

東京竹芝埠頭の袂に佇む、ウォータフロントという立地が都市型リゾートの開放感を演出するホテル インターコンチネンタル 東京ベイ。3年前にハウスウェデングを手がける企業が運営に参入した後に業績が回復。宿泊業のプロではないブライダル会社の手法がシティホテルへ注入されたという今までにない試みが、快適なハードとホスピタリティの調和を生んでいる注目のシティホテルである。

最近ではレギュラーフロア客室をリノベーション。「眠りのおもてなし」をテーマにしたオリジナル寝具「BEST SLEEP」が誕生、リネン類も特筆すべきクオリティにグレードアップし最上の癒しの時間をもたらしてくれる。多くのシティホテルが客室単価を下げる中、高単価フロアも増床し、稼働率や客室単価もともにアップしている。新たな戦略を打ち出した、今注目のシティホテルである。

ホテルバー グランティオス（ミドルクラス／東京都品川区）

２０１４年２月に開業したバーとホテルが融合した新しいスタイルの宿泊主体型ホテル。客室も全室異なるタイプで、カップルユース、ビジネスユース、ファミリーユース等、様々な客層に対応。アメニティの充実度も好印象だ。デスクの引き出しには各種ステーショナリーが揃うなど、ビジネスユースに主眼を置いた客室も設けている。

レセプションからバー空間が広がるホテルバー グランティオス

宿泊特化型では珍しいルームサービスの提供も行う。客室面積は一般の宿泊特化型と比較すると大変広く、デュベスタイルの採用、お持ち帰りスリッパ、ネットの無料提供と、デラックスクラスホテルとしての条件も充分に備えている。

全17室というプチホテルの規模ゆえ、ホスピタリティも手厚い。それに比して１万円前後〜という料金は、デラックスクラスと宿泊特化型の中間といった位置づけで割安感がある。

アゴーラ・プレイス浅草（エコノミークラス／東京都台東区）

ホテルの客室には一定のアメニティが備えられるのが一般的であるが、折角置かれていても使うことのないアメニティは意外に多い。アゴーラ・プレイス浅草は、アメニティは必要な人が必要な分だけ各自負担すればいいという新発想の宿泊特化型ホテルである。そのようなことから基本的に客室料金は安価に設定されている。

ブティックのようなアゴーラ・プレイス浅草のロビー

ホテルのエントランスを入るとスキップフロアでレセプションを見下ろすことができるが、明るいブティックのようにアメニティが価格表示とともに陳列されている。シャンプーやリンスはもちろん、デスクスタンドからクッションまで有料である。見方を変えれば、不必要なアメニティの分まで客室料金に上乗せされる不公平感を取り除いているとも言える。もちろんアメニティが備わった客室も用意されているので、あとはゲスト側の選択である。

伝統と格式を感じるホテルニューグランド

ホテルニューグランド（本館）（デラックスクラス／横浜市中区）

ホテルニューグランドは、横浜の山下公園に面した伝統と格式あるホテルだ。横浜では近年、みなとみらい地区にデラックス〜ラグジュアリークラスのホテルがいくつかオープンしたが、やはりその佇まいは日本を代表するクラシックホテルたる風格。威風堂々とした存在感に揺るぎはない。元町、山手町、中華街地区へ徒歩圏というロケーションは観光での利便性にも優れ、また、ホテル自体に漂う港町の空気が訪れた者を非日常へと誘う。

ホテルは歴史ある本館と高層のタワー館に大きく分かれるが、世界の歴史とともに歩んできた本館は、各国の要人にも愛され続ける港ヨコハマの顔である。もちろん眺望のいいタワー館もオススメであるが、やはりここは本館に滞在し、その歴史を体感したいものだ。もちろん客室内はリニューアルが施され快適な滞在が約束される。

アクアホテル佐久平駅前店（エコノミークラス／長野県佐久市）

アクアホテルは、長野県佐久市と新潟県三条市で2店舗を展開する。そのひとつ、長野新幹線佐久平駅至近にあるアクアホテル佐久平駅前店は、開業当初から全室に電子レンジ、ウォッシャブルスリッパの採用、最上階には大浴場、サウナ、露天風呂を擁し、現在の宿泊特化型ホテルトレンドを先取りしていた。

そして、珍しいことに全客室の浴室に窓がついている。全体的に清潔感があり、細かいところまでよく考えてつくられたホテルということが、泊まってみると分かる。

全室の浴室に窓を配したアクアホテル佐久平駅前店

客室は一般的な宿泊特化型ホテルのレベルであるが、ホテル全体のスタイリッシュな雰囲気も手伝って解放感がある。シングルで5000円台からという料金は、周辺ホテルの実勢料金と比較しても割高感はなく、満室の日も多いという稼働率がその人気を示す。コスパの高いコンセプトホテルということが言えそうだ。

ＡＢホテル　三河安城南館（エコノミークラス／愛知県安城市）

朝食を無料提供するスタイルは、昨今の宿泊特化型ホテルの標準スタイルとなっている。「これが無料!?」と驚く内容の朝食も多く、無料朝食の内容をホテル選びの上で参考にする利用者も多い。ただし夕食は近隣の飲食店での外食か、コンビニで調達しているゲストが多いところ、ほとんどの店舗で宿泊者全員に無料夕食まで提供するのが「ＡＢホテルチェーン」である。

同チェーンの牙城である、東海道新幹線三河安城駅至近にはなんと3店舗を展開。その中でも、特にＡＢホテル三河安城南館は施設の新しさ、隣接する駐車場の収容台数などからもオススメのホテルである。

大浴場やサウナを擁する施設が多いこともこのチェーンの特徴であるが、宿泊料金が近隣の同クラスホテルと比べて概して低廉なことからも、コスパ・コンセプトに優れたホテルと言えよう。

AB ホテル 三河安城南館のサウナもある大浴場

ロイヤルオークホテル　スパ&ガーデンズ（デラックスクラス／滋賀県大津市）

琵琶湖畔に佇むリゾートホテル「ロイヤルオークホテル　スパ&ガーデンズ」は、格安プランでのリザーブが可能である上、最低でも45㎡以上という贅沢な客室面積を誇る。

スパ施設も充実し屋内外プールも完備。館内には和洋中のハイクオリティなレストランもあり、滞在者を飽きさせない。とにもかくにも、琵琶湖畔に佇むそのロケーションは素晴らしいの一言。

安価な実勢料金からはサービスも省かれているのかと想像してしまうが、ロビーに入るや否やスタッフからの厚遇に驚かされる。施設は経年劣化の箇所が見られるものの、スタッフの好感度でカバー。実は京都からJRと無料シャトルバスで20数分であることは見落とされがちだ。また、京都のホテルが高騰していても驚くほど安価な料金で泊まれることが多く、京都観光にリゾートホテルという選択はお得感が高い。

遠近感あるロイヤルオークホテル　スパ&ガーデンズの円形アトリウムロビー

フレイザーレジデンス南海大阪（デラックスクラス／大阪市浪速区）

〃住む〃がコンセプトになった、大阪初のレジデンシャルスタイルのデラックスホテル。シンプルながら高級感のある上質な空間で、いわばサービスアパートメントである。室内にはキッチンから洗濯機、アイロンにスタンド式の台まで揃っている。難波の中心に位置する立地で、南海電車やミナミの中心部へもアクセスが抜群なのも魅力のひとつ。

快適な滞在を約束するフレイザーレジデンス南海大阪のゲストルーム

パブリックスペースとしては、スチームサウナやラウンジなども備える。常に笑顔で好意的なスタッフも印象深い。

客室はベッドルームが1つのスタジオタイプと、リビングとベッドルームが分かれたタイプがある。立地、施設、客室、サービスレベルを考えると、1万円台前半からの実勢料金も割安感があり、何よりもそのコンセプトが優れるホテルである。

ウッディなインテリアが印象的なホテル・ザ・ルーテルの客室

ホテル・ザ・ルーテル（エコノミークラス／大阪市中央区）

教会が隣接したウッディな印象のホテル。館内は宿泊特化型ホテルにありがちな無機質さと無縁で、上質な空気感を纏《まと》った照明使いと色合いがモダンな雰囲気を醸し出している。12㎡程度が宿泊特化型ホテルのスタンダードであるところ、18㎡以上という余裕のある客室面積。調度品は質感がよくハイセンスな印象で、女性にも人気のある客室となっている。

デスクは広くネットも無料で、ビジネスユースにストレスはない。ベッドメーキングはデュベスタイルを採用しており、このクラスのホテルでこれほどのクオリティを持つ施設は貴重だ。ホテルはこうしたこだわりを「客室の価値観」という表現で打ち出している。言い得て妙である。また、ロビーにパソコンを設置、プリントアウトサービスなども用意され、ビジネスでなくても簡単な用が足せて便利。

ホテル・アゴーラ リージェンシー堺（ミドルクラス／堺市堺区）

旧リーガロイヤルホテル堺が、２０１２年10月にリブランドしたホテル。リーガ時代よりも実勢料金を抑えた宿泊プランを提供している。

当時からビジネス利用への特化に舵を切りつつある印象だったが、アゴーラに変わってからは、コミュニティ機能を備えつつ宿泊特化の形態をさらに押し出したのではないかと推測する。

しかし実際は、ドアマンの丁寧な出迎え、その後のレセプションスタッフからベルボーイへの絶妙な引継ぎ、客室でのインフォメーションに至るまで全て完璧で、そこにはもはや「宿泊特化型ホテル」や「ビジネスホテル」「サービスの割切り」といった言葉はない。ルームサービスの内容やヘルスクラブの利用しやすい料金体系などからも、かなりコスパに優れたホテルと言える。

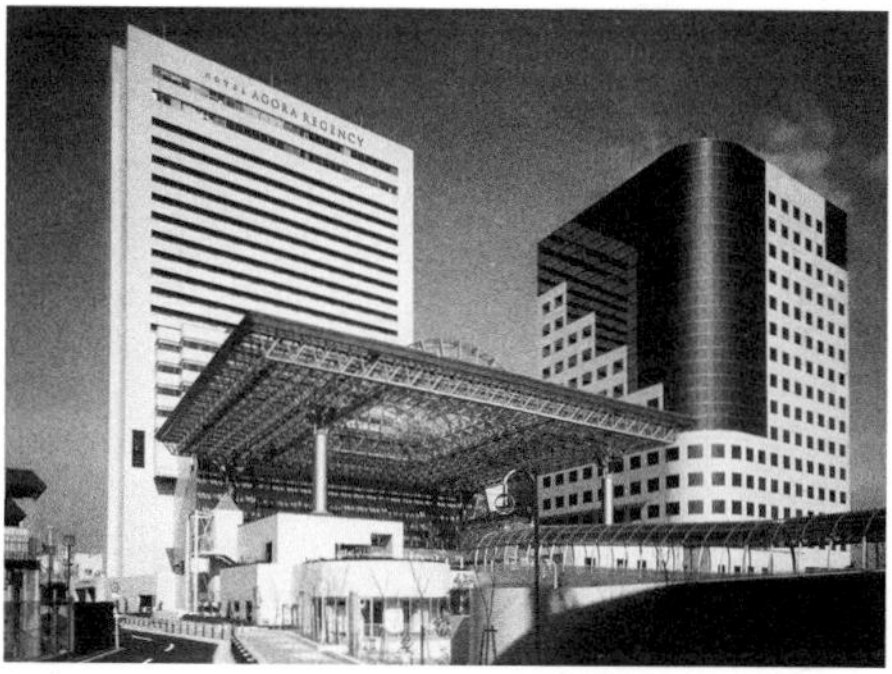
堺市のランドマークであるホテル・アゴーラ リージェンシー堺

鳥取グリーンホテルモーリス（エコノミークラス／鳥取県鳥取市）

グリーンホテルモーリスは、山陰・中国地方に展開する宿泊特化型ホテルチェーンである。いずれも秀逸なコンセプトを打ち出しており、地方に優れた小規模チェーンが多いという筆者の持論がまさに当てはまるホテルだ。

10年近く前に出雲市のグリーンホテルを利用した際の感激が忘れられず、チェーンの中でも新しい鳥取グリーンホテルモーリスへ出向いたところ、これまでの店舗に勝るとも劣らずほぼ完璧。アジアンリゾートを彷彿とさせるロビースペースは非日常感があり、広く余裕のある客室では十分にリラックスができる。大浴場とサウナも併設するが、このクラスのホテルでタオル使い放題というのは珍しく、無料高級マッサージチェアも設置されている。アメニティも豊富で、5000円台からの宿泊料金にして至れり尽せりのホテルである。

鳥取グリーンホテルモーリスのアジアンテイストのロビー

ホテルフォルツァ博多（エコノミークラス／福岡市博多区）

スタイリッシュなインテリアを導入した宿泊特化型ホテルがブームとなっている昨今、調度品ひとつひとつの品質にまで気を配っているか否かは、実際客室に滞在してみないと分からないものである。さらには、機能性や導線にデザイン性が兼ね備わったケースには意外と出会わないが、ホテルフォルツァの「プレミアムビジネスホテル」をテーマにした居心地のいい空間は折り紙付きである。

当初は大分のみで展開。出向いてみたところ感激の連続だった。その後、博多へも進出し、さらに洗練されたホテルに仕上がっていた。実際に訪れると、広めでスタイリッシュな客室とそこにレイアウトされたハイクオリティな調度品に、機能性が加わることで生まれる相乗効果を実感する。

長崎へも出店予定とのことで、今後の展開がますます楽しみな九州の宿泊主体型ホテルである。

ホテルフォルツァ博多のワンランク上のビジネスホテル客室

インテリア会社が手がけたホテル ラ フォレスタのリグナルーム

ホテル ラ フォレスタ（エコノミークラス／福岡市博多区）

２０１４年１月に閉館した博多グラン水晶ホテルが、世界のデザイナーズ家具の販売や、インテリアコーディネートなどを手がける高名なインテリアショップ「リグナ」の手により生まれ変わった。「宿泊特化型デザイナーホテル」とも言えるホテルの誕生である。

博多駅筑紫口から徒歩２分という好立地。リグナの特徴であるアンティークテイストや無垢材、それにモダンスタイルが融合するなど様々な顔を持つホテルである。リグナが手がけた洗練されたロビーデザインや遊び心溢れるリグナルームも注目だ。意外な発見が多く新鮮ですらある。まさにホテルスタイルの多様化を体現している新しいホテルと言えるであろう。

昨今、特にスモールホテルでは、多様なアプローチを得意とする、ホテル専業デザイナーではないプロ集団が手がける例が増えつつあり注目だ。

城山観光ホテル（デラックスクラス／鹿児島県鹿児島市）

露天風呂から望む桜島が印象的な城山観光ホテルは「さつまの迎賓館」とよばれ、サービスが評判のホテルである。気取ることのない、しかし洗練された館内は、都市型リゾートの要素もある。全国でも上位にランクインする朝食バイキングも人気だ。

スタッフのホスピタリティも秀逸な城山観光ホテル

何よりいつもあたたかい笑顔のスタッフには、おもてなしの心が溢れている。こちらのリクエストを先取りしているかのような感覚。筆者は「麗しの城山観光ホテル」と形容して久しいが、そのホテルを目的として鹿児島行きの飛行機に飛び乗ったことも何度か。館内には充実したレストランも多数ある。

シングルは8000円前後からのリザーブも可能。空路が安くなったおかげで、航空運賃を含めても都内一流ホテルの宿泊料金と同額程度で泊まることができる。鹿児島市街地や駅とホテルを結ぶ無料シャトルバスもあり、ホテルへのアクセスにも優れる。

おわりに〜365日365ホテルの旅〜

今、この文章を書いているのは北海道函館市にあるホテルの客室である。出版されて書店に並ぶ日も、私はどこかのホテルにいるはずだ。

2014年の今年、酔狂な自腹ミッションを自身に課した。1年間365日、毎日異なるホテルを利用、一度宿泊したホテルには再び泊まらないというもの。というわけで、1月1日から「2014年365日365ホテル」と題し、コストパフォーマンスの高いホテルを探し求めて日々、全国各地のホテルに泊まっている。1つでも多くのホテルを利用し、身をもって知ることが評論家稼業には不可欠だと考えるゆえの試みである。

北海道から沖縄までホテルを求める旅は、本当にワクワクするものである。アメニティも全て取ってあるので、ミッション終了後に比較してみるのも楽しいと思う。365ホテルのアメニティをどこに保管するのかという問題はさておき。

そんなふうに日々違うホテルでの生活を続けていると、ホテルにも様々あると改めて認識させられる。超高級なホテルからカプセルホテルまで、料金はもちろん、形態も多種多様だ。みなさんに教えたいというホテルもあれば、これはおすすめできないというところもある。

もちろん良いホテルと感じるか、悪いホテルと感じるのかは、主観的な部分もある。出張先で仕事がうまくいった日、あるいは愛する恋人と初めてホテルに泊まろうとする日、はたまた嫌いな上司と宿泊する時、さらには天気や体調、気分によっても感じ方が変わってくる。良いホテルライフの基本ともいえる体調にだけは少なくとも注意して、ゴールの365日目を迎えたいと思う。

日々場所や気分も異なるが、ひとつだけ共通していること、それはホテルマンのサービス精神。どうすればお気に召していただけるだろうかという想い。その精神には、いつもありがたいと心から思う。

筆者は本の執筆の他にも、ホテル情報専門メディア「Hotelers」（ホテラーズ）で編集長としてホテル関連のニュースを毎日発信、また「All About」（オールアバウト）で国内ホテルのガイドを行うジャーナリストである。今後も評論家として利用者目線、宿泊者目線でホテルを批評し、読者のみなさんにとって役立つ情報の発信を続けていくつもりだ。

最後になりますが、本書の刊行にあたり、光文社新書編集部の古川遊也さんには企画の段階から大変お世話になりました。この場を借りて深く御礼申し上げます。そして、いつも素敵な笑顔で旅人の疲れを癒してくれるホテルマンのみなさん、本当にありがとうございます。

瀧澤　信秋

用語解説

・アーリーチェックイン
ホテルの規定する時刻よりも早くチェックインすること。

・アサイン
客室を割り当てすること。

・アップグレード
予約していた客室よりも客室クラスを上げること。

・アメニティ
石鹸、歯ブラシなど、客へ無料提供する消耗品類のこと。元々は英語で「快適さ」という意。

・スプレッドタイプ
ベッドメーキングの際にシーツの端をベッドカバーとともにマットレスに挟み込んだスタイル。間に挟まるシーツは交換するものの、掛け布団自体は交換せずに使い回しになるため清潔感が乏しい。

・ターンダウンサービス
カバーを外すなど、ベッドを整えるサービスのこと。

・デュベスタイル
デュベとはフランス語で羽毛布団のことを指し、デュベスタイルとは、羽毛布団をシーツで包んだベッドメーキングのこと。掛け布団全体をボックスシーツで包み込むため、布団が直接肌に触れることがなく清潔感が高い。

・ドアマン
エントランスで、出迎えや見送り、車の誘導などを行うスタッフ。

・バンケット
パーティー、婚礼、会議などを指す。宴会場のことをバンケットルームともいう。

・ビデオ・オン・デマンド
観たい時に多種多様な映像コンテンツを視聴できるサービス。

・ベルボーイ
客の荷物運搬、客室への案内などをするスタッフ。

・ホスピタリティ
手厚いもてなし、思いやりなどの意。

・レイトチェックアウト
ホテルの規定する時刻よりも遅くチェックアウトすること。

・レジストレーションカード
宿泊客の宿泊登録カード。

瀧澤信秋（たきざわのぶあき）

ホテル評論家、All About 国内ホテルガイド、ホテル専門情報メディア Hotelers（ホテラーズ）編集長、経営コンサルタント。長野県出身。経営コンサルタントの会社を運営しつつ、2000 年頃より出張で全国各地のホテルへ宿泊するようになり、訪れたホテルについて宿泊レポートを書き始める。その独自な視点が話題を呼び、'08 年にはホテルライフ評論家としてデビュー（その後ホテル評論家へ改称）。日本で数少ない宿泊者・利用者目線の評論家として、テレビやラジオへ、コメンテーターとして多数出演、雑誌や新聞などへの連載やコメント、監修なども頻繁に行っている。

ホテルに騙《だま》されるな！　プロが教《おし》える絶対失敗《ぜったいしっぱい》しない選《えら》び方《かた》

2014年4月20日初版1刷発行

著　者 ── 瀧澤信秋
発行者 ── 丸山弘順
装　幀 ── アラン・チャン
印刷所 ── 堀内印刷
製本所 ── 榎本製本
発行所 ── 株式会社光文社
東京都文京区音羽1-16-6（〒112-8011）
http://www.kobunsha.com/
電　話 ── 編集部03（5395）8289　書籍販売部03（5395）8116
業務部03（5395）8125
メール ── sinsyo@kobunsha.com

ISBN 978-4-334-03794-9

689
プロ野球の名脇役
二宮清純

大記録の陰に名脇役あり。エースや4番の活躍だけが野球じゃない！　長年野球を見てきたジャーナリストが、脇役たちの物語に光を当て、プロ野球のもう一つの楽しみ方を伝授！

978-4-334-03792-5

690
違和感から始まる社会学
日常性のフィールドワークへの招待
好井裕明

日常の小さな亀裂から問題を発見し、読み解く力とセンスとは？　思いこみ、決めつけの知に囚われている自分自身を振り返り、日常を〝異なるもの〟として見直す。

978-4-334-03793-2

691
ホテルに騙されるな！
プロが教える絶対失敗しない選び方
瀧澤信秋

どうすれば安く、賢く泊まれるのか？　年間200泊を超えるホテル評論家が、一般利用者でもすぐに使える知識を徹底指南。あくまでも〝宿泊者目線〟を貫いた画期的な一冊。

978-4-334-03794-9

692
テキヤはどこからやってくるのか？
露店商いの近現代を辿る
厚　香苗

「陽のあたる場所から、ちょっと引っ込んでいるような社会的ポジション」を保ってきた日本の露店商。彼らはどのように生き、商売をしているのか――。その仕事と伝承を考察。

978-4-334-03795-6

693
10日もあれば世界一周
吉田友和

「世界一周航空券」の登場により、夢のような旅だった世界一周がどんどんお手軽になっていく。どの国を、どんな順番で回るか。仕事を辞めず、短い休みで実現する方法を教える。

978-4-334-03796-3